커리어 브랜딩
Career Branding

커리어 브랜딩

취업, 창업, 투잡러까지! 성공을 부르는 진로 설계의 모든 것!

초판 1쇄 발행	2023년 1월 10일
지은이	홍진우
펴낸이	김봉윤
펴낸곳	씨이오메이커(ceomaker)
출판등록	제2013-23호
편집장	민보윤
편집디자인	이혜원
삽화	김한기 작가
교정교열	김봉수
주소	서울특별시 관악구 국회단지 20길 16, 101호
전화	02-877-7814
팩스	02-877-7815
이메일	ceomaker79@gmail.com
홈페이지	www.ceobooks.kr

ISBN 979-11-91157-09-3
값 17,000원

잘못된 책은 구입하신 곳에서 바꾸어 드립니다.
이 책에 실린 모든 내용, 디자인, 이미지, 편집 구성의 저작권은 도서출판 씨이오메이커와 저자에 있습니다.
허락 없이 복제하거나 다른 매체에 옮겨 실을 수 없습니다.

이 도서의 국립중앙도서관 출판예정도서목록(CIP)은 서지정보유통지원시스템 홈페이지(http://seoji.nl.go.kr)와 국가자료종합목록 구축시스템(http://kolis-net.nl.go.kr)에서 이용하실 수 있습니다.

커리어 브랜딩

취업, 창업, 투잡러까지! 성공을 부르는 진로 설계의 모든 것!

Career Branding

양진우 지음

추천사

제법 오래전 일이다. 한국의 대기업을 다니다 미국 MBA를 졸업하고, 그 당시 한국 사회에서도 생소했던 다국적 컨설팅회사 '맥킨지'에 입사하게 되었다. 실제 프로젝트에 투입된 지 얼마 지나지 않은, 컨설팅 중간보고가 끝난 시점이었다. 일본인이었던 팀장이 나를 부르더니, 나에 대한 역량/성과를 평가하고 피드백을 주겠다는 것이었다.

프로젝트가 시작된 지 얼마 지나지 않은 시점이어서 영문을 몰랐지만, 어쨌든 1시간을 훌쩍 넘기며 나에 대한 역량/성과평가를 나누는 세션이 진행되었다. 평가 항목은 무려 28개였으며, 평가 내용은 여러 가지를 뭉뚱그린 것으로 다양한 항목의 관찰에 입각한 사실들을 종합한 것이었다.

이때의 경험은 '부족한 역량이 있다면 개선하면 되지'라는 그동안의 안이한 생각에서 벗어나, 부족한 부분을 메우기 위해 구체적으로 어떤 노력을 해야 하는지 끊임없이 생각하는 계기가 되었다. 역량은 매우 구체적이고 실질적으로 정의되지 않으면 부족한 부분을 어떻게 메워야 하는지 알 수 없어서 잘 고쳐지지 않는 점, 그리고 사람은 대부분 자기 자신에게는 너그러운 경향을 보여서 자신의 행동에 대한 객관적인 관찰을 통해 사실적인 평가가 필요하다는 것을 깨닫게 된 것이다.

이 책을 처음 접하는 순간 나의 젊은 날에 배웠던 감동과 지혜가 되살아나는 느낌이었고, 지금 젊은이들이 반드시 숙지하면 좋겠다는 생각이 들었다. 저자는 이 책을 통하여 자칫 재미없을 수 있는 역량의 세밀한 분류와 설명을 저자의 다양한 경험들(오랜 기간의 대기업 직장생활, 강의, 인터뷰, 컨설팅)을 토대로 재미와 생동감을 곁들여 그 의미들을 명확하게 부각해 놓았다. 각 역량의 정의는 시원하다는 느낌이 들 정도로 간단하고 명쾌하여 이해하기 쉬웠다.

이 책은 또한 단순히 개별 역량들을 각 개인의 취향에 따라 보완해 나가는 것에서 한 걸음 더 나아가 자기소개서 작성 등을 통해 어떻게 경력개발로 연결해야 하는지에 대해 매우 구체적이고 사실적으로 설명해 준다. 누구나 마찬가지이지만 젊을 때는 자신이 가지고 있는 개별 역량이 처음에는 부족하고 특정 방향으로 연결되어 있지 못해 조각난 형태로 있어서, 이것들을 직업으로, 일로서, 경력으로 어떻게 발전시켜 나가야 하는지 잘 모를 수 있다.

이 책이 소개하고 있는 다양한 자기소개서는 어떻게 자신의 역량/경험/사실을 스토리텔링 형태로 종합하여 새로운 경력 창출이나 업그레이드를 위해 활용될 수 있는지를 다양한 예시를 통해 가이드라인을 제시하고 있다.

나 자신도 실제 면접을 통하여 1년에 수백 명 이상 인재 선발을 위한 최종 의사결정을 해보았지만, 이때에도 자소서를 반드시 참고하였다. 자소서에는 그 사람의 기술적인 역량뿐만 아니라 인생과 비전,

그리고 진실성 등을 전후좌우 맥락을 통해 알 수 있는 경우가 많기 때문이다.

어찌 보면 자신의 경력을 만들어나가는 과정은, 일견 동떨어져 보이는 점들을 연결하여 선을 만들고, 이들을 연결하여 의미 있는 면과 공간으로 진화하는 예술적 창조 활동과 비슷하다. 나 자신의 인생 창조 말이다. 여기서 점들은 나의 역량이고, 선들은 이러한 역량을 기반으로 쌓아나가는 경험들이며, 이러한 경험들이 특정 방향과 형태로 갖추어진다. 나 자신의 경력 아이덴티티를 위한 지속 창조 활동에 이 책은 언제든 펼쳐 참고할 만한 훌륭한 도구와 지침이 되리라고 확신한다.

흔히들 급격한 환경 변화로 지금의 젊은이들은 이전 시대와 완전히 다른 삶을 살 것이라고 한다. 그중 가장 큰 변화가 일과 직업의 변화일 것이다. 100세 시대를 살아야 하는 지금의 2030 젊은이는 평생 2~3번을 넘어 10개 이상의 회사에 다닐 확률이 크다.

이렇게 되면 회사 중심에서 개인이 가진 개별 역량 중심으로 바뀔 것이다. 또한 사람들의 지식에 대한 접근이 쉬워질수록 무슨 일을 하든 더 깊이가 요구되고 경쟁도 심화하여, 남보다 잘하거나 특별하지 않으면 역량의 가치와 보수는 쉽게 영향을 받게 될 것이다.

미래에는 현재에 뚜렷이 존재하는 이분법적인 정규직과 비정규직, 풀타임과 파트타임, 정년과 비정년, 남녀, 젊은이와 소위 '노땅' 등의 구분이 점점 더 그 의미를 잃어갈 것이며, 결국 그러한 구분보다 자신이 하는 일의 종류, 역량과 수준이 무엇이냐가 가장 중요해질 것이다.

따라서, 길어진 수명이 오히려 부담되지 않고 행복한 삶을 위해서는 살아가는 시간의 상당 부분을 차지하는 '일' 속에서 만족할 수 있어야 한다. 그러한 이유로 모든 젊은이는 자기 자신이 하고 싶은 일, 자신이 잘하는 일, 그리고 그것이 사회에 의미를 주는 일을 끊임없이 찾아 나가야 할 특권과 의무가 있다.

그 힘찬 출발과 여정에 이 책은 좋은 동반자가 될 수 있을 것이다.

김용성 회장

(현) 지노바 아시아 회장
(전) 두산인프라코어 사장
(전) 네오플럭스 캐피탈 대표
(전) 맥킨지 한국인 최초 파트너

프롤로그

전문가, 투잡러, 자기 사업이 대세인 시대가 오고 있습니다

30/30/30 법칙이 있습니다. 인생을 크게 세 개의 단계로 구분할 수 있습니다. 처음 30년은 사회 진출을 준비하는 시기입니다. 두 번째 30년은 사회생활을 본격적으로 수행하는 시기입니다. 마지막 30년은 은퇴 후 죽을 때까지 인생을 마무리하는 시기입니다.

이제는 은퇴 후에도 일하는 사회로 급속하게 변화할 것입니다. 30년씩 두 번의 사이클이 일어난다고 가정해야 합니다. 다시 말하면 60년간 일한다고 생각하고, 삶을 준비해야 합니다. 장기적인 관점에서 자신의 진로를 결정해야 하는 시대가 되었습니다.

1부에서는 전문가, 투잡러, 자기 사업 중 어떤 방향을 선택하더라도 인생에 꼭 필요한 기본기를 알려주고 싶었습니다. 그것이 역량이라는 개념입니다. 이 역량을 개발해서 자기 것으로 삼는다면, 회사에 잘 적응하게 됩니다. 회사에서 잘 적응하면, 부업이나 자기 사업을 시도하기가 편해집니다. 꼭 기억하여 자기 것으로 만들려고 노력해 주기 바랍니다.

이번에 정리한 것은, 업무 역량 18개, 관계 역량 6개, 태도 역량 6개 총 30개입니다. 이 부분은 새로운 것이라기보다는 직장생활하는 사람이라면 한 번쯤 생각해 볼 수 있는 내용을 정리한 데에 의미가 있습니다.

이러한 역량은 다음과 같이 적용할 수 있습니다.

(1) 취업과 이직할 때 면접관은 이러한 역량을 갖추고 있는지를 파악하려고 합니다. 이 내용을 담은 저의 첫 번째 책인 '취업을 잘하는 종족'에서 경험-역량을 잘 연결해서 쓰면 합격이 보장된다고 주장하였습니다. 실제로 제자들에게 적용해 본 결과, 대부분 취업과 이직에 성공하였습니다.

(2) 스타트업 창업자분들에게는 역량에 대한 내용을 인사와 조직 운영에 관한 기초자료로 활용하라고 조언합니다. 조직을 진단하거나 개인을 평가할 때, 이 30개 역량은 하나의 준거 틀이 됩니다. 이 비교 틀을 통해 조직과 실무자들이 구체적으로 어떤 점이 부족하고 또 어떤 부분을 잘하는지 쉽게 알 수 있습니다. 역량이 반면교사의 역할을 한다는 이야기입니다.

(3) 이 역량은 직원을 채용한 후 그들에게 어떻게 일하고, 어떻게 사람들과 관계를 맺으며, 또 어떤 태도로 일해야 하는지를 알려줍니다. 초보 신입사원에게 길잡이 역할이 됩니다.

2부에서는 2030 세대 중 바람직하게 진로를 잘 설정한 분들을 인터뷰해서, 그들의 실질적인 이야기를 공유하려고 합니다. 구체적으로 (1) 전문가(고수)가 되기 위한 삶, (2) 해외 취업한 2030 세대의 이야기, (3) 회사에 다니면서 부업 하는 투잡러, (4) 자기 사업을 하는 창업자 등을 구분하여 설명하였습니다. 이 다양한 사례 중 하나를 인생의 좌표로 설정해 보기를 바랍니다.

첫 번째는 전문가가 되기 위해 회사를 찾는 몸부림과 같은 이야기입니다. 여러분이 여기에 수록된 사례들이 공감된다면 벤치마킹하면서 진로가 고민될 때마다 나에게 적합한 모델이 무엇인지 찾아보고 자기 삶에 직접 적용하여 실천해 보길 바랍니다.

두 번째는 자기 적성에 맞는 회사를 찾기 위해 해외로 취업한 분들의 이야기입니다. 해외 취업기는 더 나은 삶을 위해 미국, 일본, UN 국제기구 등 선진국으로 시야를 넓힌 전문가들의 이야기입니다. 가슴 뛰는 이야기입니다.

세 번째로는 특정한 회사에서 고정급여를 받고 일하면서 나머지는 자기 하고픈 일을 창업하는 투잡러의 이야기를 삽입하였습니다. 이러한 형태의 삶을 살 수 있는 사람은 전문적인 자기 영역이 있는 분들입니다. 그 예로는 디자인 전문가, 쇼핑몰 운영자, 유튜브 동영상 제공자 등이 있습니다.

네 번째 주제는 취업했다가 그 경험을 바탕으로 창업한 이야기를 담아 보았습니다. 이분들의 이야기를 통해 창업과 취업은 별개의 영역이 아니라는 사실을 알 수 있습니다. 결국 자기 사업을 하는 사람이 정년 이후 독립적인 삶을 살 수 있습니다. 위험을 줄이려면 부업부터 출발하면 좋습니다.

3부에서는 인생을 살다 보면 만나게 되는 어려움과 풍파를 슬기롭게 극복할 수 있는 방법을 담았습니다. 인생의 긴 여정을 따라 여행하다 보면, 가끔 뜻하지 않는 좌절을 겪게 됩니다. 어려울 때마다 심리 상담이나 정신과 치료는 매우 유용합니다. 관련 내용을 상담 전문가의 도움을 받아 설명하고자 합니다. 이런 도움은 항상 유효한 방법이니, 적극적으로 도움을 요청하거나 찾아가서 상담 받으시기를 바랍니다.

창업을 시도한 분들과의 인터뷰를 추가하였습니다. 공통으로 강조하는 것은, 성공하든 실패하든 창업의 모든 과정은 인생에 큰 도움이 된다는 것입니다. 그분들이 결정적인 순간을 어떻게 극복하고, 반면 아쉬움으로 남는 의사결정은 무엇이었는지 잘 살펴보기를 바랍니다. 전문가들의 견해도 담았습니다. 그분들은 어려움을 극복할 수 있는 대안으로 '사람'을 지목하고 있습니다. 깊은 이해가 필요한, 의미 있는 답변입니다.

마지막 4부에서는 은퇴 이후의 삶에 대한 두 석학의 이야기를 들려 드리려고 합니다. 2부에서 제시한 진로 방향을 검증하는 내용이기도 합니다. 한 분은 영국의 세계적인 석학인 찰스 핸디의 삶을 소개합니다. 그분의 저서인 '포트폴리오 인생'과 '벼룩과 코끼리'라는 책에서 일찍이 80년대부터 독립생활자(프리랜서)의 시대가 도래할 것이라는 점을 예측했습니다.

전일제 직장보다는 파트타임 직장이 많아질 것이고, 그렇다면 삶을 꾸려나가는 데 충분한 돈을 벌기 위해서는 여러 가지 일을 동시에 하는 '포트폴리오 인생'(투잡러 혹은 N잡러의 인생을 의미)을 살아야 한다고 주장합니다. 본인도 그러한 삶을 살았고, 그 이야기를 담담하게 서술하고 있습니다. 이러한 흐름을 이미 20년 전부터 주장했다는 점이 놀라웠습니다.

두 번째 석학은 제가 일생 존경하였던 피터 드러커 교수님입니다. 그분도 같은 주장을 하셨습니다. 지식노동자의 삶에 대한 그분의 통찰도 함께 정리해 보았습니다. 정년을 지나 30년을 더 산다고 가정하면, 2030 세대들은 직장생활을 하면서 동시에 정년 이후의 삶을 준비를 해야 합니다.

저는 은퇴 후에 구체적으로 세 가지 방향의 일을 경험했습니다.

(1) 저는 55세에 은퇴하고, 처음부터 투잡러로서 새 출발을 하였습니다. 저에게 큰 행운이었습니다. 상장회사 감사와 대학교 강사로 시작했기 때문

입니다. 고정적인 생활비를 벌 수 있는 시작이었습니다. 이런 시작은 일반적이지 않습니다. 이를 통해 고정적인 수입이 매달 발생하는 것이, 노년의 삶에 그 무엇보다 중요하다는 사실을 깨달았습니다. 그것은 심리적 안정을 주는 데 큰 역할을 합니다.

(2) 저는 두 권의 책을 쓰면서 취업전문가와 창업전문가가 되었습니다. 한 책은 취업 자소서와 면접에 관한 내용입니다. 또 다른 책은 사업계획서 쓰는 방법과 창업마케팅에 관련된 내용입니다. 이 책들 덕분에 저는 전문가의 삶을 살게 되었습니다.

(3) 마지막으로 '시니어공유경제연구원'이라는 사단법인을 중소벤처부로부터 인가받으면서 창업하게 되었습니다. 3년 만에 흑자를 만들면서, 창업의 어려움도 몸소 체험했습니다.

이런 다양한 경험을 해 보니 전문가, 투잡러, 자기 사업은 이제 시대가 요구하는 방향이고, 우리가 선택해야 하는 삶의 일부라고 생각하게 되었습니다. 여러분은 각자 상황에 맞게 인생에 좌표로 찍고, 이같은 방향으로 계속 시도하십시오.

저는 이러한 삶을 살아가는 2030 세대가 이미 존재한다는 사실에 적잖이 놀라웠고, 동시에 매우 큰 기쁨이었습니다. 그들을 취재하면서 대견하기도 하였고, 은퇴 이후 삶도 "우리 세대보다 더 의미 있게 잘 살겠다."라는 안도감도 함께 느끼게 되었습니다.

2030 세대 여러분,

어떤 방향으로 가든, 어떤 일을 하든, 여러분에게 꼭 필요한 내용을 이 책 안에 담아 보려고 노력했습니다. 꼭 이러한 흐름에 올라타기를 기대해 봅니다.

모쪼록 이 책이 젊은 2030 세대의 진로 고민에 관한 좋은 해결책이 되길 기원합니다.

2022년 늦은 가을에
100세 시대를 향해 떠나는
저자 홍진우

목차

프롤로그 전문가, 투잡러, 자기 사업이 대세인 시대가 오고 있습니다

 **삶에 필요한 역량을 공부하고, 연습하고, 체득하라.**

── 역량 기반한 진로 선택 • 23
    (1) 기본역량의 정의 • 24
    (2) 역량 기반한 진로 선택이 왜 중요한가? • 30
        가. 취업 자소서와 면접에 적용 • 31
        나. 스타트업 조직 운영에 활용 • 44

── 업무 역량, 관계 역량, 태도 역량의 이해 • 47
    (1) 업무 역량 : 일 잘하는 방법 • 48
        가. 업무 기초역량 : 업무의 시작과 끝 • 48
        나. 직군별 역량 : 기획직군, 관리직군, 전문직군 • 56
        다. 목표 달성 역량 : 모든 직원의 꿈 • 65
        라. 소통 역량 : 리더의 고민 • 72
        마. 통찰 역량 : 보지 못하는 것을 보는 능력 • 80
    (2) 관계 역량 : 직장생활의 관계 법칙 • 84
    (3) 태도 역량 : 좋은 인성을 갖는 법 • 93

**다양한 2030 세대의 진로 케이스를
파악하고, 분석하고, 모방하라.**

── **진로 케이스 1 : '전문가(고수)'가 되기 위한 취업과 이직 활동** • 107
    (1) '재보험 애널리스트'로 거듭난 이야기 • 108
    (2) '데이터마케팅 전문가'를 향한 노력기 • 116
    (3) 회계사가 대기업으로 이직한 이유 • 124
    (4) 벤처회사 '투자심사역'의 이직 탐방기 • 128
    (5) 법학전문대학원에서 공부하는 청년과의 만남 • 130
    (6) 경제학도에서 의사로 전환한 어떤 청년의 인생 역전기 • 134
    (7) '목수'의 삶을 선택한 청년과의 인터뷰 • 137
    (8) '컴퓨터 프로그래머'가 되기 위한 다양한 시도들 • 140

── **진로 케이스 2 : 2030 세대의 '해외 취업기'** • 144
    (1) 미국 취업기 : 애리조나 주립대학 경영학과 학생이 쓴 이야기 • 145
    (2) 일본 취업기 : 글로벌 기상 서비스 회사 • 149
    (3) UN 취업기 : 국제이주 기구 • 152

    〔쉬어가는 페이지〕: 2030 세대의 결혼관

── **진로 케이스 3 : 직장생활을 하면서 부업을 하는 투잡러** • 161
    (1) 투잡러 1 : <통역사 일 + 쇼핑몰 운영> • 162
    (2) 투잡러 2 : <일반회사 기술직 + 쇼핑몰 운영> • 167
    (3) 투잡러 3 : <유통 기업 + 행사 에이전시 사업> • 172

    〔쉬어가는 페이지〕: 겸직 금지에 관한 법률 지식

— 진로 케이스 4 : 직장생활을 접고, 자기 사업을 시도하는 사람들 • 177

    (1) 세무사 자격증을 가지고, 창업을 시도한 이야기 • 178
    (2) 디자인 전문가 세 자매의 창업기 • 182
    (3) 방수사업을 준비하는 청년과의 인터뷰 • 187

 **인생 진로에서 만나는 스트레스와 어려움을 슬기롭게 극복하라.**

— 우리가 힘들 때 회복된 삶을 사는 방법 • 195

    (1) 시간을 정해서 나와 대화하기 • 196
    (2) 자신에게 '격려의 말(선한 말)' 해주기 • 199
    (3) '지금 나는 성장하는 중'이라고 생각하기 • 201
    (4) 마음이 힘들 때, 상담이나 정신과 도움받기 • 203

— 창업 어려움에 관한 인터뷰와 전문가의 조언 • 206

    (1) '에바' 창업자들과의 인터뷰 • 207
    (2) '메디퓨처' 대표와의 인터뷰 • 213
    (3) 창업전문가의 조언들 • 217

 **긴 호흡으로 세계 석학과
선배의 이야기를 청취해 보라.**

― 세계 석학의 오래된 조언 • 225

    (1) 영국의 석학 : 찰스 핸디의 충고 • 226

       가. 포트폴리오 인생 • 226

       나. 코끼리와 벼룩 • 229

    (2) 미국의 석학 : 피터 드럭커의 충고 • 232

― 2030 세대에게 전하고픈 나의 이야기 • 238

    (1) 투잡러의 시작 : 상장회사 감사와 대학 강사 • 240

    (2) 전문가로 불리는 삶 : 창업전문가, 취업전문가 • 243

    (3) 비영리사단법인 창업 : '청년과 스타트업을 돕는 목적' • 252

    (4) 2030 세대에게 건네는 나의 조언 • 258

    〔쉬어가는 페이지〕: 청년 대상 '나만의 커리어 아카데미' 프로그램

에필로그   막상 물어보면 대답할 수 없었던 질문에, 그 대답을 해봅니다

01

삶에 필요한 역량을
공부하고, 연습하고, 체득하라.

저는 회사에 다닐 때, 늘 선배님들이 "열심히 하지 말고 잘하라."라는 말을 해 주었습니다. 그때마다 덕담이려니 하면서 회사에 다녔습니다. 그러다가 27년 회사생활을 마감하는 해에 그 말이 다시 생각났습니다.

직장생활을 잘하려면 구체적으로 무엇을 해야 하는지에 대한 그 해답을 찾으려고 노력하였습니다. 그 결과 7가지 핵심역량이 탄생하였습니다.
후배들에게 직장생활을 잘하려면 무엇을 배우고 또 노력해야 하는지에 관해 말해주는 덕담을 넘어서 좀 더 구체화 된 조언으로서 목표 지점에 좌표를 찍고 방향성을 설정해 주었습니다.

기획직군에서 일하는 실무자들에게는 (1) '참신한 아이디어 제시 능력'이, 관리직군은 (2) '빠른 대응 능력'이, 영업직을 포함한 연구소, IT, 디자인 등 전문직군에게는 (3) '네트워크 활용 능력'이 필요하다고 강조했습니다.
모든 구성원에게 요구되는 공통 역량으로 (4) '보고서 작성 역량'과 (5) '상사 특성에 맞는 보고(발표) 역량'이라고 하였습니다. 이것을 보통 소통 역량이라고 합니다.

마지막 리더 역량으로 팀장급에게는 (6) 목표달성 능력이, 임원급에게는 (7) 통찰력이 중요한 역량이라고 하였습니다. 이것이 '리더십의 요체'라고도 하였습니다.

저는 이번에 이 7가지 역량에다 23개를 추가하여 30개 역량으로 확대 정의하였습니다. 정리의 준거로 3가지 기준에 따라 분류하였습니다. 그것은 (1) 업무 역량, (2) 관계 역량, (3) 태도 역량입니다.

업무 역량은 일을 잘하는 방법에 관한 총 18개의 내용을 담고 있습니다. 주요 내용은 업무기초 역량, 직군별 역량, 목표달성 역량, 소통 역량, 통찰 역량 등으로 구성됩니다. 가장 많은 내용을 다루고 있습니다.

관계 역량은 직장생활에서의 관계에 관한 내용을 담고 있습니다. 총 6개입니다. 관계의 출발은 남을 도울 수 있는 자원지원 능력으로부터 시작됩니다. 칭찬과 격려는 관계를 촉진하게 하는 원동력입니다. 동료와 상사와의 관계를 구축하는 능력과 지속적인 관계를 개선하는 활동도 중요합니다. 윗사람에게 사랑받을 수 있는 역량으로 상사의 지시를 수용하는 능력도 언급하였습니다.

태도에 관한 역량은 좋은 인성에 관한 내용을 포함합니다. 정직, 겸손, 신뢰, 성실, 자기관리의 가치를 설명하고 있습니다.
1부에서는 이에 관한 이야기를 풀어 볼까 합니다. 이것이 삶의 기본기입니다. 세상을 사는 지혜입니다. 이러한 역량으로 기초를 잘 닦으면, 어떠한 진로를 선택하더라도 성공할 가능성이 높습니다. 이것을 우리는 '역량 기반한 진로 선택'이라고 부릅니다.

역량 기반한 진로 선택

저는 최근에 2022년 영국 프리미어리그에서 골을 제일 많이 넣은 선수로 상을 받은 손흥민 선수의 이야기를 들었습니다. 손 선수 아버지는 자신은 삼류 축구선수였지만, 그의 아들을 세계 최고 축구선수로 만들기 위해서 노력하였다고 합니다.

그 이야기 중에 제 가슴에 부딪힌 것은 손 선수에게 기본기만 7년 동안 가르쳤다는 부분입니다. 축구 기본기를 그토록 지독하게 시킨 것입니다. 맞습니다. 결국 끝에 가서는 기본을 누가 더 충실하게 닦았는지에 따라 승패가 결정됩니다.

기본역량이 그런 것입니다. 이 세상을 살아가는 기본기에 해당합니다. 축구의 기본기에는 4가지가 있다고 합니다. (1) 패스, (2) 드리블, (3) 헤딩, (4) 슈팅이라고 합니다. 이것을 익혀야 경기에서 볼을 자유자재로 다룰 수 있게 됩니다.

  최고의 골잡이가 되려면 이 4가지를 반드시 공부하고, 연습하고, 체득해야 합니다. 이 기본기가 부족하면 최고가 될 수 없습니다.

  세상에도 이와 비슷한 기본기가 있습니다. 바로 직원들이 익혀야 할 (1) 업무 역량, (2) 관계 역량, (3) 태도 역량이라고 생각합니다. 저는 이것을 '기본역량'이라고 부릅니다.

  우리는 이러한 기본기의 내용을 살펴보고, 타고난 부분은 받아들이며, 후천적으로 학습이 필요한 것은 익혀두어야 합니다.

  이 역량은 자기소개서와 모의 면접과 연관되어 있으며, 스타트업 운영에도 관련되어 있습니다. 회사에 취업하거나 이직할 때도 필요합니다. 부업을 하거나 자기 사업을 해도 창업자가 무슨 일을 해야 하는지, 직원들을 어떻게 관리할지에 대한 지침이 됩니다.

  이러한 연유로 역량 기반한 진로 선택이 중요합니다. 자, 이제 역량의 개념에 관하여 알아보도록 합시다.

(1) 기본역량의 정의

  이 세상에는 여러 가지 원칙과 법칙이 존재합니다. 그중 하나가 모든 조직에는 상사와 부하가 있는데, 그들을 움직이는 원칙과 법칙이 있다는 것입니다.

그것은 회사에 다니는 사람, 창업을 하는 사람, 혹은 프리랜서로 일하는 사람, 모두에게 적용할 수 있는 원칙입니다. 이것을 인사 전문가들은 역량(Competence)이라고 합니다.

역량이란 조직에서 우수한 성과를 가능하게 하는, 특별하게 보유한 내적 속성이라고 합니다. 역량이라는 개념은 맥클랜드 교수가 처음으로 지능, 능력, 재능, 적성 등과 다른 새로운 현상에 대해 학문적 용어로 사용하기 시작했습니다. (최동석, 성취예측모형, 클라우드나인)

저는 본 책에서 역량과 능력을 혼용해서 사용하고 있습니다. 능력과 역량을 같은 개념으로 사용하기도 하고, 어떨 때는 능력을 역량의 하위요소로 사용하기도 합니다. 보는 사람이 이해하기 쉽다면 학문적 정의에 어긋난다고 하더라도 같은 개념으로 혼용하였습니다. 널리 양해를 부탁드립니다.

저는 다양한 능력 중에서 사회적 성취와 구별되는 개념으로서 역량이란 개념이 탄생하였다고 생각합니다. 때문에, '역량'과 '능력'은 한 뿌리입니다. 다만, 성과 우수자와 보통 사람이 구별되는 것처럼, 사회적 성취를 나타내는 특별한 개념으로서 사용하고자 할 때는 반드시 '역량'으로 표현하였습니다.

<표 1-1> 회사요구 역량 : BIG 7 모델

회사요구 역량 (BIG 7 모델)	실무자 역량 (follower)	(1) 기획직군 (+α 아이디어 제시 능력) (2) 관리직군 (빠른 대응력) (3) 전문직군 (네트워크 활용 능력)
	소통 역량	(4) 임팩트 있는 자료 작성 능력 (5) 맞춤식 보고 능력
	리더 역량 (leader)	(6) 목표 달성 능력 (7) 통찰력 (남이 보지 못하는 것을 보는 것)

이 모델은 직군별로 역량이 다르다는 것으로부터 출발합니다. 사람은 태어나면서부터 역량을 타고 납니다. 자기가 어떤 직군에 속하는지 잘 파악하고 있어야 합니다. 기획직군은 창의력에 해당하는 +α 아이디어 제시 능력이, 관리직군은 빠른 대응력이, 전문직은 네트워크 활용 능력이 필요합니다. 소통 역량으로 자료 작성 능력과 맞춤식 보고 능력을 언급하였습니다. 마지막 리더 역량으로 팀장급에게는 목표 달성 능력이, 임원급은 통찰력이 중요하다고 하였습니다.

저는 이를 기초하여 업무 역량, 관계 역량, 태도 역량으로 다시 재분류하였습니다. 이것을 모든 사람에게 필요한 '기본역량'으로 통칭하였습니다.

우선 기본역량의 내용은 다음과 같습니다.

<표 1-2> 기본역량

구분			주요 내용	
업무 역량	업무 기초역량		① 집중 능력	② 전문화 능력
			③ 마무리 능력	
	직군 역량	기획 직군	④ 창의 능력	⑤ 문제해결 능력
		관리 직군	⑥ 빠른 대응 능력	⑦ 업무분석 능력
		전문 직군	⑧ 고객(선행부서)니즈 파악과 대응 능력	
	목표 달성 역량		⑨ 성과창출 능력	⑩ 업무분장 능력
			⑪ 인사고과 능력	⑫ 위험관리 능력
	소통 역량		⑬ 목표정렬 능력	⑭ 보고서 작성 능력
			⑮ 보고와 발표 능력	⑯ 경청 능력
	통찰 역량		⑰ 일에 대한 통찰 능력	⑱ 사람에 대한 통찰 능력
관계 역량			① 자원지원 능력	② 관계개선 능력
			③ 칭찬과 격려 능력	④ 지시수용 능력
			⑤ 동료관계 능력	⑥ 상사관계 능력
태도 역량			① 책임완수 능력(정직)	② 조직융화 능력(겸손)
			③ 규정준수 능력(신뢰)	④ 컴플라이언스 능력(성실)
			⑤ 자기조절 능력(자기관리)	⑥ 자기관리 능력(자기관리)

우선 업무 역량입니다. 일 잘하는 방법에 관한 내용입니다. 업무 역량에는 18개의 능력으로 이루어져 있습니다.

(1) 업무에 기초가 되는 역량으로서 1번인 집중 능력, 2번 전문화 능력,

3번 마무리 능력은 업무 프로세스의 처음과 끝에 해당합니다. 일을 처음 대할 때의 마음가짐은 집중하는 것이고, 일의 끝은 마무리 능력입니다. 그 사이 과정에서 나에게 맞는 업무가 발견되면, 그 일을 전문화해야 한다는 이야기가 숨겨져 있습니다.

(2) 직군별 역량에 관한 것입니다. 기획직군은 4번의 창의 능력과 5번의 문제해결 능력이 필요합니다. 관리직군은 6번의 빠른 대응 능력과 7번의 업무분석 능력이 요구됩니다. 영업직을 포함한 전문직의 경우는 8번의 고객(선행부서)니즈 파악과 대응 능력 보유가 선행되어야 합니다.

업무 역량에서 3가지 직군에 필요한 역량을 구분하여 설명한 것은, 사람은 태어날 때부터 타고나는 역량이 있다는 점을 전제하고 있습니다. 자기가 어떤 재능이 있는지 고민해 보고, 직군에 맞는 일을 선택해야 합니다. 기획도 잘하고, 관리도 잘하고, 영업도 잘하는 사람은 없습니다.

(3) 목표 달성 역량에 관한 내용입니다. 리더에게 가장 중요한 역량은 회사에 주어진 목표를 달성하는 능력입니다. 그것이 리더십의 본질입니다.

(4) 소통 역량으로 13번인 목표정렬 능력과 14번과 15번인 문서작성 능

력과 보고와 발표 능력입니다. 이중 가장 중요한 것은 조직의 목표와 개인의 목표를 일치시키는 목표정렬 능력입니다. 16번의 경청 능력은 제삼자의 시각을 가지고 잘 들어야 한다는 점을 강조하고 있습니다.

고 삼성의 이병철 회장님이 경청을 매우 중요하게 생각하였다고 합니다. 아마도 자기 부족한 부분에 대한 보완으로 남의 생각과 아이디어를 중시한 것 같습니다.

(5) 임원이 되면 '통찰력'이라는 더 높은 능력이 요구됩니다. 그것은 남이 보지 못하는 것을 보는 능력을 의미합니다. 일과 사람에 관한 통찰로 구분할 수 있습니다.

두 번째로 관계 역량은 직장생활에서 상사와 동료들과의 관계를 맺는 방법에 관한 내용을 담고 있습니다. 저는 인간관계의 첫 출발은 타인을 돕는 데서 출발한다고 생각합니다. 1번인 자원지원 능력을 보유하여만 관계가 시작됩니다. 도울 수 있는 자원이 없다면 관계 첫 출발이 어렵습니다. 자기가 남을 도울 수 있는 역량이 있다면, 그것을 동료와 후배와 공유하면서 관계 형성이 자연스럽게 발전됩니다.

2번, 3번, 4번은 인간관계의 기본 영양소에 해당하는 내용입니다. 관계개선 능력, 칭찬과 격려 능력, 지시수용 능력은 인간관계에서 반드시 익혀야 하는 기본 중의 기본역량입니다. 5번과 6번은 평소에 동료와 상사와 어떤 관계를 맺어야 하는지 설명하고자, 동료관계 능력과 상사관계 능력을 포함하였습니다.

마지막은 태도 역량에 해당하는 이야기입니다. 태도는 가치와 연결되어 있으며, 인성 면접 시에 점검하는 항목이기도 합니다. 저는 모든 조직에서 요구되는 가치관 즉, 태도는 무엇일까에 대해 고민하고 정리해 보았습니다. 결국, 좋은 인성을 갖는 법에 관련된 내용입니다.

이러한 내용을 저는 1부에서 나의 경험과 훌륭한 분의 견해를 통해 곧 풀어드릴 예정입니다. 역량이 구체적으로 어떤 것인지 전달하려고 합니다. 참고하여 자신의 삶에 적용해 보길 바랍니다.

(2) 역량 기반한 진로 선택이 왜 중요한가?

제가 이전 책에서 제시한 '회사가 요구하는 7개의 역량'은 취업에 성공하는데 매우 이로운 개념입니다. 성공 취업의 비책으로서 경험-역량을 연결하여 자소서를 쓰고 면접하라고 강조하였습니다.

최근에 만든 30개의 기본역량은 스타트업 대표님들과 멘토링할 때 활용하고 있습니다. 직원들의 선발과 회사에서 어떤 역할을 해야 하는지 알려주는 지침으로 사용하라고 조언합니다.

여기서는 기본역량이 취업과 면접에 적용된 사례와 스타트업 대표에게 활용된 사례만 다루려고 합니다.

가. 취업 자소서와 면접에 적용

① 취업 자소서에 적용

<사례 1 기획직군> : 스타트업 경험 ➔ +α 아이디어 제시 능력(기획력, 창의력)

기획직군은 회사의 머리에 해당하므로 좋은 인재를 뽑으려 합니다. 당연히 스펙도 좋아야 합니다. 합격의 당락은 참신한 아이디어를 제시하고, 그것을 현장에 접목하여 성과와 실적으로 연결할 수 있는 능력에 관한 판단에 달려 있습니다.

<기획직군을 위한 체크포인트>

- 자신의 경험이 식상하면 곤란하고, 참신한 소재를 담고 있어서 궁금증을 유발해야 합니다. (예 스타트업이지만 공학, 석박사로 구성된 회사라는 점이 참신해 보임)
- 회사에서 늘 고민하고 익숙한 주제를 다루고 있으면서도 +α 새로움이 보여야 합니다. (예 문제를 더 넓게, 시장 접근방식, 시장분석, 설문조사, 비즈니스모델 등)
- 결과와 연결해야 합니다. 회사는 자선단체가 아닌 성과주의 조직입니다. (예 정부로부터 1억짜리 IR 자료, 최대 10억 투자 가능한 1차 후보 선정 등)

<사례 1-1> 기획직군 자소서

해양 엔지니어링 스타트업에서 공학 석, 박사들과 함께 일했습니다. **문제를 더 넓게** 보려고 노력한다면, 그들이 보지 못한 큰 그림을

볼 수 있다는 자신감을 얻게 되었습니다.

신사업 계획과 시장조사 및 IR자료를 작성했습니다. 사업 아이디어를 구체화하고, 자료를 제작했습니다. 해양, 토목 분야의 석, 박사들로 이루어진 기존 구성원들과 공학 지식의 격차가 컸습니다. 지식의 격차를 받아들이고 제가 할 수 있는 것에 집중했습니다. 그들이 기술적인 부분을 고민할 때, 저는 **시장에 어떤 방식으로 접근**해야 할지에 대해 고민했습니다.

최근 5년간의 국책사업 발주 리스트를 모두 확인하여 경쟁사 및 관련 단체 목록을 확보했습니다. 경쟁사의 제품과 기술 수준에 대해 정리하여, 자사의 경쟁 우위를 명확히 했습니다. 관련 단체의 연구원 및 공무원들에게 설문조사를 실시하여 시장의 크기, 경쟁사의 수준 등의 시장 특성을 파악하였습니다. 이후 비즈니스모델을 구체화하고, **논리를 만들었습니다.** 스타트업 구성원들의 피드백을 지속적으로 요구하였고, 받은 피드백은 즉시 반영하였습니다.

두 달간의 상호작용을 통해 투자자를 설득할 만한 IR자료를 완성할 수 있었습니다. 해당 자료를 통해 정부로부터 1억 원을 지원받았고, 최대 10억 원을 투자 받을 수 있는 프로그램에 1차 선정되었습니다.

<사례 2 관리직군> :
아르바이트 경험 ➔ 빠른 업무 대응력 (속도 중시, 성실성, 숙련도)

관리직군은 대단히 광범위한 업무를 포함하고 있습니다. 키포인트는 속도입니다. 빠른 대응력입니다. 당신은 실수 없이 업무를 처리할 수 있어야 합니다. TV에 자주 나오는 달인이라는 개념으로 이해하면

됩니다.

<관리직군을 위한 체크포인트>

- 관리직군의 키포인트는 속도와 디테일한 숙달 능력에 주목해야 합니다. (예) 최선을 다해 노력, 능숙하게 일하는 모습, 일을 빠르게)
- 관리직군은 성실성을 매우 중요한 성품으로 생각하는 경향이 있습니다. (예) 성실한 모습, 대왕 이모님께 인정)
- 다양한 일을 소화할 수 있는 멀티플레이어를 선호합니다. (예) 교내 식당 아르바이트 + 군대 행정병 + 푸드 트럭 아르바이트)

<사례 1-2> 관리직군 자소서

저는 대학교를 다니면서 교내 식당에서 설거지하는 일을 했었는데, 체력적으로 굉장히 고된 일이었고 주방 이모들과 같이 일하는 것도 쉽지 않았습니다. 하지만 그 아르바이트를 선택한 이유가 '남이 먹고 남은 그릇을 치우는 일을 언제 경험해 보겠는가'였기 때문에 시험 기간에도 쉬지 않고 **최선을 다해 노력**하였습니다.

그렇게 일을 하다가 한 달 정도 되던 때에, 주방의 **대왕 이모님께 인정**을 받았습니다. 성실한 모습도 있었겠지만 제가 칭찬을 받은 이유는 **일을 빠르게** 잘 한다는 것이었습니다.

군 복무 시절 행정병 경험이 있었지만, 돈을 받고 일을 하는 것은 이 일이 처음이었기 때문에 저에게는 의미가 깊었습니다. 저는 요리학교에서 단기 과정을 수료한 적이 있을 정도로 요리 분야에 관심이 있어서 수제 버거 푸드 트레일러에서 일을 배운 적도 있었습니다.
  그때도 같은 공간에서 일했던 셰프들이 굉장히 엄격했는데 한 달 정도 적응기간이 지나자 비좁고 바쁜 공간에서도 **능숙하게 일하는 모습으로** 칭찬을 받았습니다.

<사례 3 전문직군> :
다양한 경험 ➡ 네트워크의 활용 능력(소통, 관계 유지, 순발력)

 전문직 중에서 영업은 네트워크 활용이 가장 중요하다는 사실에 대해서는 금방 수긍합니다. 그러나 연구소에서 일하는 연구원, 법무 분야에서 일하는 변호사, 재무 파트에서 일하는 회계사, IT센터에서 일하는 전산직 등이 네트워크 활용 능력이 중요하다는 사실에 대해서는 선뜻 이해하지 못합니다. 연구소의 연구 테마는 선행부서의 과제입니다. 그들이 있는 현장과 소통을 하고, 그들과 협업하며 아이디어를 공유해야 합니다.

<영업을 포함한 전문직군을 위한 체크포인트>

- 전문직군은 고객과의 관계, 선행부서 지원이라는 차별화된 경험은 필수 사항입니다. (예 장기적인 관계 구축, 지속적인 관계 유지, 상대방에 대한 배려 등의 표현)
- 네트워크의 활용과 관련된 차별화된 경험과 사례는 필수 기재 사항입니다. (예 고객을 배려한 일, 남을 위한 선행, 군대 생활의 에피소드 등)
- 전문가들이 고집이 있다는 업계의 통념 존재 → 융통성과 순발력이 중요 가치입니다. (예 순발력을 발휘한 기지, 상처 치료와 융통성 있는 철수 전략 등)

<사례 1-3> 영업직군 자소서

고객과 **장기적 관계를 구축**하고 다양한 딜을 다루는 IB분야에서 '영업력'과 '순발력'은 필수라고 생각합니다.

'영업력'은 고객에 대한 배려와 **관계유지**가 핵심입니다. 동아리 회장, 학군단 대대장, 그리고 해병대 장교로 구성원들을 이끌며 항상 **상대방을 배려**했고 그 결과는 OB 활동, 동기회, 소대원들과의 정기모임으로 이어지고 있습니다. 또한 해외 거주 시 또는 국제봉사활동에서 만난 친구들과 **지속적으로 유지한 관계**는 배낭여행과 해외유학으로 다시 해외를 나갔을 때 큰 도움이 되었습니다.

'**순발력**'을 발휘해 상황을 대처하고 임무를 완수한 적이 있습니다. 지형정찰 중 통신병이 넘어져 다리를 다치고 무전기가 고장 났을 때, 내복을 이빨로 찢어 상처를 압박하고 신호탄으로 위치를 알렸습니다. 본래 목표였던 예비 지휘소 장소 선정 또한 철수하는 길에 적합한 곳을 찾아 임무를 완수했습니다. **소위답지 않은 기지를 발휘**했다며 부대에서 인정받았던 경험이었습니다.

<사례 4 목표 달성 능력> :
공간 기획(경험) ➡ 목표 달성 능력(기획, 조율, 의사소통)

리더 역량은 취업준비생들의 자기소개서에 많이 등장하는 흔한 사례입니다. 어찌 보면 너무 많아서 면접관으로서는 싫증이 날 수 있습니다.

이 사례는 리더 역량인 목표 달성 능력을 이해하는 데 많은 도움을 줍니다. 목표 달성을 가능하게 하는 기획력, 다양한 사람들의 갈등을 최소화하기 위한 의견 조율, 한 방향으로 움직이게 하는 목표관리 등이 잘 표현되어 있습니다.

<목표 달성 능력을 위한 체크포인트>

- 목표 달성 능력은 목표 추진 능력 + 업무분장 + 공정한 평가 능력을 포함합니다. (⑩ 문화공간을 기획하는 일, 자신이 주도적으로 기획한 경험 등)
- 목표 달성 능력 평가에 사람들과의 갈등 관리 역량이 있는지 주목합니다. (⑩ 의견 조율, 다양한 사람들과의 의사소통을 통해 갈등을 최소화했다는 이야기)
- 목표 달성 과정에서 생기는 실수나 실패에 어떻게 대응했는지 주목합니다. (⑩ 아래 인용 글에서는 나타나 있지 않으나, 실패 극복, 수습 후 교훈 등이 적당)

<사례 1-4> 목표 달성 능력 자소서

2016년 1학기 기간 중, 교내 카페를 관리하는 컨설팅 팀에서 **문화공간을 기획하는 일에 참여**한 적이 있었습니다. 학생들로 이루어진 운영진이었기 때문에 자본이나 규모 면에서 제한이 있었지만 학생들이 참여할 수 있는 다양한 행사를 기획하면서 업무에 관계된 사람들과 일하는 법을 조금씩 경험할 수 있었습니다.

제가 주도적으로 기획했던 행사 중 하나는 **카페 공간에 시화를 전시하는 것**이었습니다. 대학교 익명 SNS 계정에서의 소통 채널을 기반으로 '봄'에 관련된 글감을 공모하였고 해당 소스를 바탕으로 교내 글쓰기 동아리와 순수미술 동아리를 섭외하여 글과 그림이 함께 있는 시화 콘텐츠를 전시한다는 기획이었습니다. 새 학기를 시작하며 느끼는 설렘을 전시회라는 공간에서 소통할 수 있도록 고객들을 불러 모아 카페의 매출을 올리는 전략이었습니다.

이 행사를 준비하면서 작가 역할을 하는 동아리 측과 **의견을 조율**하는 것이 쉽지 않았고, 행사 홍보를 위한 업무를 준비하면서 팀 내 디자이너에게 도움을 구해야 했습니다. 이 과정을 통해 저는 프로젝트 하나가 이루어지기 위해서는 **다양한 사람들과의 의사소통**이 필수적이란 것을 배울 수 있었습니다. 전시회를 잘 마친 이후에는 카페 공간을 다양한 음악회나 밴드 공연 행사 등을 기획하여 더 다양한 분야의 사람들을 만날 수 있게 되었고 **이러한 경험은 저에게 '의사소통'에 있어서 자신감을 얻게 해주었습니다.**

> <사례 5, 6 통찰력> :
> 남들이 하지 않은 행위나 시각에 관련된 유사한 에피소드들

리더 역량의 두 번째는 통찰력입니다. 이 역량은 회사의 최고 경영층에게 요구됩니다. 남이 보지 못하는 것을 볼 줄 아는 혜안 같은 개념입니다. 이런 역량에 관련된 직접적인 사례를 찾기가 힘듭니다. 하지만 이 역량과 유사하거나 특이한 경험이 있다면 써 보는 것도 나쁘지 않다고 생각합니다. 이런 역량은 기획직군에서 요구하는 참신한 아이디어하고도 직간접적으로 연결되어 있습니다.

<'통찰력'을 위한 체크포인트>

- 남들과 다른 역량인 통찰력은 임원직급 역량이므로, 무리한 사례 언급은 역효과를 초래할 수 있습니다.
- 자신만의 객관적 사건이 있다면 반드시 언급할 필요가 있음 → 창의적 인재로 평가 (예 에어비앤비를 통한 현지 경험을 여행카페를 통해 조언했다는 이야기, 수백 명의 현장 인터뷰를 바탕으로 새로운 상품 수요를 발견한 이야기 등)

<사례 1-5> 통찰력 자소서

저는 **다양한 경험**을 하시기 원하는 부모님과 여행사에서 근무하시는 삼촌의 도움으로 많은 나라를 가보는 경험을 할 수 있었습니다. 40일 동안의 유럽여행과 3일간의 상해여행, 4일간의 일본 오사카여행을 일일이 제 손으로 계획을 세워 다녀오면서 효율적인 여행 코스를 짜는 방법에 대해 능숙해졌습니다.

단순히 호텔방, 혹은 한인 민박에서만 묵는 것이 아니라 에어비앤비를 활용하여 **현지인들의 주거 문화에 대해서도 직접 체험**하고 느껴보는 여행을 하고 돌아왔습니다. 여행 후에 제가 경험했던 벅찬 기쁨을 남에게도 알려주고 싶어 다양한 **여행카페에 가입하였고, 제가 경험한 것을 바탕으로 남에게 이런저런 조언**을 해주기도 하였습니다.

유럽 자유여행을 원하시는 **고객에게 실질적으로 도움이 되는 팁과 효율적으로 움직일 수 있는 루트에 대한 정보를 알려드리곤 했습니다.** 여행 후에 많은 도움이 됐다며 감사하다고 말씀해 주시는 분들을 통해 내가 가진 정보를 공유하는 것이 타인에게 있어 여행을 더욱 즐길 수 있는 계기가 된다고 생각하니 큰 뿌듯함을 느끼게 되었습니다.

<사례 1-6> 통찰력 자소서

커피 배달 스타트업에서 일하면서 제품 구상, 홍보 업무를 수행했습니다. 제품을 구상할 때는, 고객 선호를 직접 조사할 필요를 설명하고, **직접 수백 명을 현장 인터뷰**했습니다. 이를 통해 **새로운 상품 구성을 제안하여 수요를 만들어 냈습니다.** 자금 부족으로 판매 사이트 구성에 어려움을 겪었을 때는, **팝업스토어를 계획하여 매출을 만들어 냈습니다.** 그리고 그 자금으로 홈페이지를 제작했습니다.

특히 현장에서 제품을 소개하고 판매할 기회가 많았습니다. 예를 들어, 신촌 문화마켓에서 부스를 설치하여 고객을 만나기도 했습니다. 저는 당장의 판매보다 고객의 의견이 소중하다고 판단하여, 미리 **작은 메모지를 준비**해 갔습니다. 현장에서 제품을 일방적으로 설명하지 않고 대화를 이어가려 노력했습니다. 뿐만 아니라 고객의 피드백을 계속해서 메모했습니다. **메모를 통해 선물 패키지 수요를 찾아낼 수 있었고, 새로운 매출로 이어졌습니다.**

② 취업 면접에 적용

면접은 대개 1차 서류 시험에 합격한 사람들 중심으로 진행됩니다. 어느 정도 수준 이상이라고 판단된 인력을 대상으로 2차 면접이 실시

됩니다. 대개 실무 면접과 임원 면접을 중심으로 회사에 따라 2-3차례 진행합니다.

그러나 스타트업은 대부분 면접을 1회 진행하고 결정합니다. 회사마다 차이는 있지만, 전화 면접을 한차례 더 하는 회사도 있습니다. 면접에서 떨어지면 더 안타깝습니다. 어느 정도 합격 가능성이 있는 인력이니까, 더 그렇습니다. 심리적으로 매우 불안정합니다. 더욱이 태어나서 처음 면접을 경험한 사람의 경우는 더 그럴 것입니다.

제가 만난 이 친구는 졸업 후 첫 입사 시험에 합격을 했고 그 이후 회사의 정책과 조직문화에 문제를 느껴, 최근 다른 회사로 재입사했습니다. 처음 만났을 때 면접을 한 번 도와주었고, 두 번째 입사를 하고 다시 만났을 때, "면접 예상 질문서에서 90%가 다 나왔어요. 큰 도움이 됐어요."라고 말하는 것입니다. '면접 준비가 중요하구나.'라는 사실을 재확인하였습니다. 제가 이 부분에서 강조하고 싶은 것은 예상 질문을 준비해서 합격했다는 사실보다는, 거기에 작성된 내용이 더 중요하다는 것입니다. 당연히 경험-역량을 연결하여 직군에 맞게 잘 작성되었다는 전제가 있어야 합니다. 예상 면접의 질문을 아는 게 중요한 것이 아니라, 그 질문에 맞는 자신만의 경험이 있어야 하고, 그것이 회사에서 요구하는 역량과 잘 연결하여 답변을 준비해야 합니다.

면접 준비는 어떤 질문이 나올지 예측하는 부분과 그에 걸맞은 답변을 준비하는 두 가지 측면이 있습니다. 답변을 잘 준비한 사례 중

하나로, 지방대학 출신에 도시공학과 건축공학을 전공한 분이 있었습니다. 제가 1차 합격된 자기소개서 내용을 보니 너무 잘 쓰여 있었습니다. '어떻게 이렇게 잘 썼는지'가 궁금하여 질문을 하였더니, "친한 선배에게서 쓰는 방법에 대해 여러 번 코칭을 받았다"라고 하였습니다. 저도 계속 이야기하는 내용입니다. 피드백 멘토링이 그만큼 중요합니다. 주위에 있는 좋은 선배의 도움이 좋은 자기소개서를 쓰는 길임을 명심해야 합니다. 물론 먼저 회사에 입사한 친구의 도움도 좋습니다.

제가 왜 자기소개서의 중요성을 강조할까요? 면접에서 재활용되기 때문입니다. 자기소개서의 내용을 면접할 때 대부분 다시 물어봅니다. 사실 확인 차원에서 하는 경우도 있지만, 본인의 목소리로 그 경험을 다시 듣고 싶기도 해서 입니다. 자기소개서 작성이 1차 시험 당락에 영향을 주는 중요한 요소이기도 하지만, 2차, 3차 면접까지도 영향을 미치는 것입니다. 자기소개서만 잘 작성하면, 면접에서 성공 확률이 당연히 높아집니다. 자기가 직접 경험한 내용을 작성한 것이기 때문에 자신의 머릿속에 잘 정리가 됩니다. 따라서 면접관이 어떤 질문을 해도 자신 있게 답변할 수 있습니다. 그것이 중요합니다.

그분이 두 번이나 연속하여 취업에 성공했던 이유 중 첫 번째는 당연히 자기소개서를 잘 쓴 것이고, 두 번째는 미리 예상 질문에 대한 답안을 준비했다는 것이며, 세 번째는 저를 만나 모의 면접을 한 번 시도해 보았다는 것입니다. 자, 이제 제가 모의 면접을 어떻게 진행했는지 설명할까 합니다. 철저하게 면접관의 입장에서 모의 면접을 실시하였습니다. 처음에는 "자기소개서에 잘 정리가 되어서 매우 놀랐다"라고 칭찬하면서, 일단 심리적 안정을 주는 것에 주안점을 두었습니다. 얼마나 떨리겠습니까? 생전 처음 낯선 사람 앞에서 질문을 받고, 답변하는 것이니까 말입니다. 학교 수업시간에도 괜히 선생님의 질문을 받으면, 긴장이 되고 아는 것도 헤매기 일쑤인데, 취업 면접은 훨씬 더 긴장이 될 것입니다. 그러한 긴장을 누그러뜨리기 위해서는 실제처럼 한 번 해보는 그 자체가 큰 도움이 됩니다.

15개의 예상 질문 중심으로 모의 면접을 진행하였습니다. 답변을 잘하는지가 중요한 것이 아니라, 자기 말로 한 번 해보는 것이 중요합니다. 마지막에는 "제가 대표라고 가정할 때 혹시 이런 질문을 할 것 같다."라며 추가적으로 질문을 하나 더 하였습니다.

"얼굴이 매우 어리게 보이는 것 같습니다. 매우 유약해 보일 수 있는데, 업무에서도 그렇지 않을지 걱정이 됩니다. 어떻게 생각하세요?"

놀라운 것은 실제 면접에서 그 스타트업 대표가 제가 모의 면접 때 했던 이야기를 그대로 질문했다는 것입니다. 자기도 깜짝 놀랐다고 합니다. 면접 전에 이런 준비 활동을 하였기 때문에, 남들보다 심리적으로 안정감을 가지고 면접에 임할 수 있었습니다. 이것이 면접 준비의 핵심입니다.

이분은 두 번째 직장도 스타트업으로 이직하였는데, 그때의 면접에서도 예상 면접 질문서 15개 문항 중에서 90%가 나왔다고 합니다.

기출문제가 똑같이 시험문제로 나온 셈입니다. 얼마나 편안하게 면접을 보았겠습니까? 이번에도 연속해서 취업에 성공하였습니다. 되는 사람은 쑥쑥 잘 들어갑니다.

다시 한번 강조합니다. 면접 준비는 자기소개서 쓰기부터 시작되고, 예상 면접답안을 스스로 작성하면서 최고조에 달하며, 마지막으로 친구와 선배의 도움으로 모의 면접을 시도하면서 마무리됩니다.

제가 나중에 만나서 이야기를 들어보니, 두 번째 자기소개서 작성에 걸린 시간은 약 30시간 정도였다고 합니다. 자신만의 차별화된 경험은 그대로 두고, 회사가 요구하는 자기소개서 질문에 맞게 재조정하였다고 합니다. 처음 자기소개서를 경험-역량에 맞게 작성한 덕분에 두 번째도 쉽게 쓴 것으로 판단됩니다.

최종 면접에서 집요하게 물어본 내용은 회사의 지원 동기에 관련된 내용이라고 합니다. "왜 우리 회사에 지원하였는지 묻는 대표를 이해시키는 데 많은 시간이 걸렸습니다."라며 저에게 설명해 주었습니다. 역시 최종 면접은 동기에 관련된 내용이 다루어지고 있다는 사실을 재확인하였습니다.

마지막으로 "왜 이 회사에서 본인을 선발했다고 생각합니까?"라는 저의 질문에 그는 면접태도 때문인 것 같다고 말하였습니다. 역시 인성에 관련된 질문에 잘 답변한 모양입니다. 스펙과 역량 검증이 끝나면, 최종 면접은 역시 인성 검증입니다. 이것은 태도 역량과 연관이 됩니다.

나. 스타트업 조직 운영에 활용

저는 스타트업 대표님과의 멘토링을 할 때마다 <표1-4> 조직운영 체크리스트를 설명해 드립니다. 이 체크리스트를 살펴보면 스타트업 대표의 중요한 역할로 (1) 의사결정, (2) 조직설계, (3) 핵심 프로세스, (4) 평가지표, (5) 리더관리, (6)직원관리 등 6가지를 제시합니다.

평가지표 설계는 매출이 발생하기 시작하면 소위 KPI(Key Performance Index)라고 하여 스타트업이 실적관리를 위해 사용합니다. 그전에는 사용되지 않습니다. 보통 창업해서 3~4년이 지나야 본격적인 매출이 시작됩니다.

스타트업은 초기에는 상품개발에 전념합니다. 고객으로부터 제품에 관한 피드백을 받으면서 계속 제품을 수정합니다. 그것을 시장-고객 적합성 프로세스라고 합니다. 매출이 발생하기 시작하면 투자를 받습니다. 매출 전에 받는 것을 'Pre 투자'라고 하고, 매출 후에 투자를 받으면 '시리즈 A, B, C'라고 번호를 붙입니다. 사업 시작할 때 받으면 'Seed 투자'라고 합니다.

스타트업은 이러한 과정을 거치면서 천천히 성장합니다. 회사가 일정 규모까지 성장하면 조직운영 체크리스트를 활용하여 회사를 점검해야 할 때가 옵니다. 이때 가장 중요한 것이 사람입니다. 인건비는 고정비 성격이 강합니다. 성장할 때는 문제가 되지 않지만, 매출이 정체되면 바로 부담으로 작용하는 가장 무서운 비용입니다. 이제 리더와 실무자들인 직원들을 철저하게 관리해야 합니다. 그러려면 뭔가 평가해야 할 어떤 기준이 필요합니다.

조직운영 체크리스트의 마지막 부분에 해당합니다. 그것은 (5) 리더 관리, (6) 직원 관리입니다. 리더는 어떤 일을 해야 하고, 실무자들은 어떻게 업무를 진행해야 하며, 직장동료와 상사와는 어떤 관계를 맺어야 하는지, 또 어떤 태도로 일해야 하는지에 대한 디테일한 매뉴얼이 필요합니다. 이때 사용하는 것이 30개의 기초역량입니다.

<표 1-4> 조직 운영 체크리스트

구분		주요 내용
CEO의 중요 역할	1. 의사결정	(1) 의사결정에 필요한 정보를 얻기 위해 어떤 방법을 사용하는가? (2) 어떻게 의사결정을 내리는가? 의사결정 프로세스가 있는가? (3) 임직원 회의는 어떻게 운영하는가? 의제는 어떻게 설정하는가? (4) 행동과 약속은 어떻게 관리하는가? (5) 다음의 지식은 어떻게 체계적으로 획득하는가? 　①조직 관련 지식 ②고객 관련 지식 ③시장 관련 지식
	2. 조직설계	(1) 현재의 조직구조를 설명해 보라. (2) 조직의 강점과 약점은 무엇인가? (3) 강점과 이유는 무엇인가? (4) 그러한 강점과 약점을 선택한 이유는 무엇인가? 강점으로 선택한 부분이 더 중요한 이유는 무엇인가? (5) 갈등이 있는 부분은 어디인가? 어떻게 해결할 수 있는가?
	3. 핵심 프로세스	(1) 다음 프로세스는 어떻게 설계했고, 그 이유를 설명해 보라. 　①면접 절차 ②직원 통합 ③전략 계획(실행안 포함) 　④실적 관리
	4. 평가지표 설계	(1) 조직의 선행지표와 동행지표를 설명해 보라. (2) 이것들이 적절하게 균형을 이루는가? (예컨대 품질보다 더 가치 있게 생각하고 있는 것은 아닌가?) (3) 부작용의 가능성은 없는가? (4) 지표를 설계할 때 사용한 프로세스는 무엇인가?

5. 리더관리		(1) 체계적으로 사고하는가? 단편적, 근시안적으로 사고하는가? (2) 나라면 해당 임원 밑에서 일하고 싶은가? (3) 완전히 정직한가, 신뢰할 수 없는가? (4) 즉흥적으로 예리한 질문을 하는가? 준비된 질문만 하는가? (5) 다양한 소통 스타일을 다룰 수 있는가? (6) 놀라울 정도로 달변가인가? (7) 조직에 대해 제대로 파악하고 있는가?
6. 직원 관리	갈등문제	(1) 가장 우수한 직원이 많은 권한을 요구하면, 어떻게 처리할까? (2) 실적은 최고 수준인데 만성적으로 불량한 행동 방식을 보이는 직원을 어떻게 다룰 것인가? (3) 조직의 승진과 해고 프로세스를 설명하라.
	일반사항	(1) 직원들을 평가할 때 어떤 점을 가치 있게 보는가? (2) 이런 가치를 면접 프로세스에서 어떻게 파악하는가? (3) 직원은 어떻게 교육시키는가? (4) 직원을 평가하는 프로세스는 무엇인가?

업무 역량, 관계 역량, 태도 역량의 이해

회사에 들어가서 조직에 적응하려면 구체적으로 (1) 일은 어떻게 하여야 하고, (2) 상사와 동료와 어떻게 관계를 맺으며, (3) 어떤 태도와 가치관을 가져야 하는지에 대한 행동 지침이 필요합니다.

<표 2-1> 기본역량

구분			주요 내용	
업무 역량	업무 기초역량		① 집중 능력	② 전문화 능력
			③ 마무리 능력	
	직군 역량	기획 직군	④ 창의 능력	⑤ 문제해결 능력
		관리 직군	⑥ 빠른 대응 능력	⑦ 업무분석 능력
		전문 직군	⑧ 고객(선행부서)니즈 파악과 대응 능력	

업무 역량	목표 달성 역량	⑨ 성과창출 능력	⑩ 업무분장 능력
		⑪ 인사고과 능력	⑫ 위험관리 능력
	소통 역량	⑬ 목표정렬 능력	⑭ 보고서 작성 능력
		⑮ 보고와 발표 능력	⑯ 경청 능력
	통찰 역량	⑰ 일에 대한 통찰 능력	⑱ 사람에 대한 통찰 능력
관계 역량		① 자원지원 능력	② 관계개선 능력
		③ 칭찬과 격려 능력	④ 지시수용 능력
		⑤ 동료관계 능력	⑥ 상사관계 능력
태도 역량		① 책임완수 능력(정직)	② 조직융화 능력(겸손)
		③ 규정준수 능력(신뢰)	④ 컴플라이언스 능력(성실)
		⑤ 자기조절 능력(자기관리)	⑥ 자기관리 능력(자기관리)

(1) 업무 역량 : 일 잘하는 방법

가. 업무 기초역량 : 업무의 시작과 끝

① 집중 능력 : 아무리 하찮고 작은 일이라도 현재의 일에 흠뻑 빠져보라.

30년 전 처음 사회생활을 증권회사에서 시작하였습니다. 그 당시 증권시장이 활황이어서 영업장에 사람이 참 많았습니다.

신입사원으로 제가 담당한 일은 세 가지였습니다. 첫째, 전화 부스에 앉아서 전화로 주식 주문을 받아, 주문 전담 직원에게 전달하는 일이었습니다. (그때는 핸드폰과 PC 주문이 없었던 시절입니다.) 둘째는 단주 주문(거래단위 10주 미만의 거래를 의미)을 담당해서 손님들의 주문을 수작업으로 처리하는 일입니다. 보통 성가신 일이 아니어서, 보통 신입사원이 담당합니다. 마지막은 고객들이 마시는 생수가 부족하면, 생수통을 교환하는 일이었습니다.

저는 대학원까지 나왔기 때문에, 내게 주어진 일이 하찮고 작은 일이라고 생각되어 기분이 상하기도 했습니다. 이런 일을 하면서 과연 의미 있는 사회생활이 될지 잠시 고민이 되기도 했습니다. 그러나 월급 때가 되어 너무 많은 금액(그 당시 증권회사가 인기가 좋아 다른 회사보다 상당한 급여를 받음)을 받고 나면, 이런 고민은 금방 사라지곤 했습니다.

지나고 보니 신입사원에게는 중요한 일보다는 매우 사소한 일(예, 복사하기, 선배들의 심부름하기, 타부서에 서류전달, 조간신문 깔기 등)을 시키는 것이 일반적인 것이었습니다. 미생이라는 드라마에서도 장그래의 입사 동기인 장백기(강하늘 분)도 비슷한 문제로 고민하는 것을 본 적이 있습니다. 하찮은 일이 싫어 다른 회사로 옮기면 거기서도 똑같은 일이 반복됩니다. 신입사원 누구에게나 부딪치는 일이며 겪어야 하는 통과 의례입니다.

다행히 저는 3개월 만에 후임이 와서 단주 주문과 생수통 교환하는 일은 하지 않게 되었습니다. 이제 온종일 전화를 받는 일만 주 업무가 되었습니다. 전화를 많이 받다 보니 고객이 어떤 주식을 사야 하는지 저에게 질문하기 시작했습니다. 선배 영업사원에게 물어보기도 했지만, 그분들이 추천하는 주식은 누구나 알 수 있는 주식이었고, 반면 본사에서 추천한 종목은 제가 이해가 부족하여 신뢰가 가지 않았습니다.

신문을 읽으면서 경제 흐름을 매일 정리하였고, 산업분석 리포트를 읽으면서 올해 성장하는 산업과 정체하거나 후퇴하는 산업에 대해 숙지하였습니다. 저는 늘 성장하는 산업에 있는 주식만을 추천하였습니다. 평일도 모자라서 일요일에도 출근하여 경제 관련 잡지와 신문, 그리고 경제연구소에 만든 모든 자료를 닥치는 대로 공부하고 또 외웠습니다.

그 덕분에 전화 오는 손님들에게 자신 있게 종목을 추천할 수 있게 되었습니다. 가끔 지점장님과 일요일에 사무실에서 마주쳤고, 이상한 신입사원 취급받기도 하였습니다. 아침 영업 회의 시간에 저에게 "오늘 뭐 사면 좋아?"하고 물어오면 제가 공부한 종목이나 시황에 관해 설명해드리곤 했습니다. 아무도 들어보지 못한 참신한 이야기를 했었던 것 같습니다.

저는 신입사원 6개월 만에 영업장에 제 명패가 쓰여 있는 책상을 받고, 주식영업을 처음 시작하게 되었습니다. 처음에는 전화 받는 하찮은 일을 전담하였지만, 그 일에 흠뻑 빠져 열심히 일하다 보니 아이러니하게도 그 일에서 가장 먼저 탈출한 신입사원이 되었습니다.

명심하세요. 현재 주어진 일이 아무리 하찮고 작은 일이라도 그 일에 흠뻑 빠져보세요. 그러나 나를 포함해서 대부분 직장인이 현재 일에 흠뻑 빠지지 못하는 이유가 무얼까요? 제 생각에는 익숙함 때문입니다. 어느 정도 시간이 지나면 주어진 업무에 익숙해집니다. 그러면 지루해지고, 그 일을 잘 알고 있다는 착각에도 빠집니다.

이런 착각을 '더닝 크루거 효과'라고 부릅니다. 인지 편향의 하나로 능력이 없는 사람이 자신의 실력보다 실제 높게 평가하는 오류를 말합니다. 한마디로 어설픈 자신감입니다.

27년 직장생활 중에 반 이상을 팀장, 부서장, 임원 등 리더로서 근무하였습니다. 부하직원들의 업무를 관찰한 결과, 실수나 사고는 그 업무에 익숙한 직원들에서 종종 나타난다는 사실을 알게 되었습니다. 환경이 변하여 새로운 주의가 필요한데 너무 익숙한 나머지 관행대로 업무를 하다가 혹은 무심코 처리했다가 낭패를 보는 경우가 그렇습니다.

지금 제가 생각나는 것은 채권 이자의 세금처리가 잘못된 일, 법인예수금을 하루 늦게 처리하여 그 차액을 보상했던 일, 사자마자 그다음 날 상장 폐지된 주식을 매매했던 일들입니다. 그 당시 그 일을 했던 부하직원들은 나름 그 분야에서 잔뼈가 굵은 베테랑들이었습니다.

'업무의 익숙함'이 이렇게도 무서운 것입니다. 어설픈 자신감을 경계해야 합니다. 처음 차를 사고 운전에 익숙해질 무렵 이런 자신감으로 오만방자하게 운전하다가 저도 많은 사고를 냈었던 일이 기억납니다. 사람은 이런 인지 편향이 있는 것 같습니다.

이 문제를 해결하기 위해 저는 로테이션(순환업무)을 추진했습니다. 인사 전문가가 했던 말을 기억해 내었습니다. "고인 물은 썩는다." 아직도 기억이 생생합니다. 업무를 오래 한 순서대로, 업무난이도를 고려하여 로테이션을 추진했습니다.

제 밑에 팀장이 4명 있었는데, 일을 잘하고 있는 자기 팀 직원을 다른 팀으로 보내는 것에 대해 항의를 해왔습니다. 항의했던 그 팀장도 로테이션했습니다. 역지사지가 되더군요. 결과적으로 팀장 간에 의사소통도 잘되고, 자기 팀 직원으로만 생각하지 않고 부서 관점에서 생각하기 시작했습니다. 조직에 활력이 생기고 새로운 업무에 익숙해질 때까지 부하직원들은 긴장하며 업무에 전념하게 되었습니다.

명심하세요. 일에 흠뻑 빠지기 위해서는 그 익숙함에서 떠나는 것입니다. 새로운 일에 도전해 보세요. 적극적으로 팀장이나 인사부 직원에게 자기가 도전해 보고 싶은 업무를 이야기하세요.

② 전문화 능력 : '좋아하는 일'을 탐색하고, 그런 일을 발견하면 그 분야의 전문가가 돼라.

'좋아하는 일'을 발견해서 '잘하는 일'로 바꾸면, 우리는 그 분야의 전문가라는 소리를 듣습니다. 전문가가 되면 대체 불가한 직원이 되기 때문에, 나름 회사생활이 순탄하게 됩니다.

회사에 들어가면 본인의 적성과 재능에 맞는, 좋아하는 일을 꼭 탐색하기를 당부드립니다. 그리고 전문가가 되기 위해 적극적으로 도전하세요. 나만이 할 수 있는 사람으로 변신하기를 바랍니다. 그것이 사회생활의 핵심입니다.

취업할 때 제가 도움을 주었던 L군은, 등산 관련 회사에 다니는데 각종 마케팅데이터를 다루는 일을 합니다. 원래 마케팅데이터는 전산부서에 요청하여 자료를 습득해야 했지만, 본인이 프로그래밍을 공부해서 그 일을 전산부서에 요청하지 않고 바로 그 자리에서 처리하게 되었습니다. 팀장으로부터 큰 칭찬을 받았다고 합니다.

그 친구는 학부에서 건축과 디자인을 공부했습니다. 현재 하는 일과 전혀 연관이 없습니다. 본인이 그런 일에 흥미와 관심을 두던 중 적극적으로 그 분야를 개척한 것입니다. 앞으로 본격적으로 프로그램 언어를 더 배워서 전산 소프트웨어 전문가가 되려고 합니다.

저도 증권회사에 근무하면서 고민했던 일이 생각납니다. 해외에서 공부한 사람이 많으니 지금 영어 공부를 해서 해외 근무에 도전하는 것은 경쟁이 안 될 것 같았습니다. 또한 본사의 경우 인기 있는 기업금융 업무 분야는 학벌 좋고 유능한 직원이 대부분 지원하기 때문에 나도 그곳으로 간다면 경쟁이 너무 심해 두각을 나타내지 못할 것 같았습니다.

저는 제가 잘 할 수 있고 좋아하는 마케팅 분야와 기획업무를 선택해서 전문화하려고 노력했습니다. 사원으로 입사해서 임원으로 퇴임했으니 나름 잘한 선택이라고 생각합니다.

스타트업의 대부인 피터 틸이라는 분의 저서 '제로 투 원' 책에서도 이 세상에 하나뿐인 제품을 만들고, 경쟁하지 말며, 독점적인 틈새

시장에서 창업하라고 합니다. 개인이나 회사나 같습니다. 대체 불가능한 직원이 되던가, 아니면 그런 회사를 만드는 것이, 인생의 과제인 것 같습니다.

명심하세요. '좋아하는 일'을 탐색하면서, 그런 일을 발견하면 그 분야의 전문가가 되도록 노력하세요.

③ 마무리 능력 : 일하는 이유와 용도, 그리고 마감 시간을 물어보고 시작하라.

일을 처음 시작할 때 일하는 이유와 용도, 그리고 마감 시간(언제까지 해야 하는지)을 점검해야 합니다.

문제는 상사들이 대부분 자세하게 설명하지 않는다는 것입니다. 어떤 상사는 "그냥 해."라고 하는 분들도 많습니다. 저 같은 경우에도 사장님의 지시 사항에 먼저 "예"라고 대답하고 부서에 돌아와서, '이 일을 왜 시켰을까?'라며 그 이유와 목적을 부하직원들과 고민한 적도 있습니다.

그래도 한 번은 꼭 물어보세요. "네, 잘 알겠습니다. 다만 어디에 쓰실 건지 알면 거기에 맞게 준비할 수 있을 것 같아서 여쭤봤습니다. 혹시 크게 지장이 없다면 알려주실 수 있을까요?" (이와세 다이스케, 입사 1년차 교과서, 모모)

단순한 복사 심부름이라 하더라도 그 용도가 개인 보관 용도인지, 고객 배포 용도인지, 회의자료 용도인지에 따라서 복사 형식이 달라집니다.

고객 배포용인 경우는 복사 후 비닐로 파일링해서 고급스럽게 보이도록 해야 합니다. 회의 자료라면 참석자에 따라 글씨가 크기를 신경 써서 복사하면 됩니다. 이 경우 반드시 회의용 결제판에 클립을 활용해서 처리해야 합니다. 개인 보관용인 경우는 신속하게 빨리 가져다드리면 됩니다.

제일 중요한 것은 언제까지 해야 하는지 마감 시간을 꼭 체크해야 합니다. 저의 경우는 스팟성 자료는 3일, 보통 자료는 2주, 프로젝트 보고서는 한 달입니다. 이 납기 시간은 최종 결정자에게 도달되는 시간을 의미합니다.

중간에 팀장과 본부장들을 거치며 보고서 수정 작업을 해야 하므로 그 시간을 감안해야 합니다. 그래서 실무자의 초안은 스팟성 자료는 1일, 일반적인 보통 자료는 1주일, 프로젝트 자료는 2주 후에 작성을 마쳐야 합니다. 나머지 시간에 팀장이나 본부장과 협의하고 수정 작업이 진행됩니다. 결코, 많은 시간이 아닙니다.

여기서 정한 납기 시간보다 빠르게 보고하면, 대개 상사들은 좋아합니다. 상사의 시간 기대치를 뛰어넘기 때문입니다.

명심하세요. 일하는 이유와 용도, 그리고 마감 시간을 물어보고 시작하세요. 그래야 일이 마무리가 됩니다.

나. 직군별 역량 : 기획직군, 관리직군, 전문직군

- 기획직군 -

④ 창의 능력 : 누가 시켜서 일하지 말고, 자발적으로 창의적인 일을 기획하라.

회사의 업무는 크게 세 가지 직군으로 구분됩니다. 기획직군은 기획, 마케팅, 신규사업 등에 관련된 업무이며, 관리직군은 인사, 총무, 재무, 회계, 생산 및 서비스 등에 관한 업무입니다. 전문직은 영업을 포함해서, 전산, 연구소, 법무, 세무 등이 있습니다.

누가 시켜서 일하지 말고, 자발적으로 일을 하는 것은 기획직군의 핵심 역량입니다. 자발적으로 일을 기획하다 보면 참신하고 창의적인 아이디어를 발견하는 경우가 많습니다.

제가 기획실에서 일했을 때 입니다. 그 당시에 제가 아이디어를 낸 것은 100개 점포를 예탁자산과 MS(Market Share : 시장점유율)기준으로 구분하자는 것입니다. 100개 점포의 평균 예탁자산을 X축으로, 평균 MS를 Y축으로 하면 4개 점포 군으로 분류됩니다.

평균 예탁자산보다 높고 평균 MS보다 높은 1사분면은 최우수점포인 '으뜸 점포'로 명명했습니다. 2사분면은 평균 예탁자산보다는 적고 MS가 높은 점포는 '활성화 점포'라고 하였으며, 반면에 4사분면 점포는 평균 예탁자산은 많고 평균 MS는 낮기 때문에 '자산형 점포'라고 하였습니다. 마지막 평균 예탁자산도 적고, MS도 낮은 3사분면의 점포는 '성장 점포'로 하였습니다.

모든 점포는 으뜸점포로 가는 것을 목표로 하고, 자산형 점포는 시장점유율을 확대하는 성장 경로를 제시하며, 활성화 점포는 예탁자산을 증대하는 성장 경로를 제시하였습니다. 성장점포는 자산형 점포나 활성화 점포의 성장 경로 중 하나를 따르면 됩니다. 업계 최초로 점포군별 성장 경로에 의한 전략 수립과 지역 여건을 감안한 점포 평가라는 새로운 지점 영업 전략을 제시한 것입니다.

스스로 일을 기획하는 것은 창의적인 아이디어를 생산해 내는 연습입니다. 본인이 적성과 맞는지 한번 점검해 보세요. 기획하는 사람은 창의적이고 상상력이 뛰어나며, 격식을 따지지 않고 자유로운 특징을 가지고 있습니다. 판에 박힌 일에 싫증을 잘 내며, 새롭고 어려운 문제에 대면해서는 오히려 희열을 느끼는 속성이 있습니다. 그러한 문제에 집중을 잘하며 쉽게 그 해답을 풀어내곤 합니다.

연전에 흥미로운 책을 본 적이 있습니다. 조던B 피터슨이 쓴 '12가지 인생의 법칙'입니다. 11번째 인생의 법칙으로 "아이들이 스케이트보드를 탈 때 방해하지 말고 내버려 두어라."라고 충고합니다. 다소 위험스러워 보여도 스스로 자유롭게 타도록 내버려 두는 것이 삶에서 중요하다고 합니다. 어쩌면 그것이 창조의 출발일지도 모르겠습니다.

명심하세요. 누가 시켜서 일하지 말고, 자발적으로 일을 기획해 보세요. 다소 위험스러워 보여도…….

⑤ 문제해결 능력 : 실수를 자책하지 마라. 재발방지책을 만드는 계기로 만들어라.

다섯 번째 역량은 기획직군에 필요한 것입니다. 창의적인 문제해결을 위한 노력에 대해서 말해 보려고 합니다.

대부분 업무 실수 또는 사고나 문제가 발생하면, 세 가지 반응이 나타납니다. 변명하거나, 타부서 탓으로 돌리거나, 자신의 책임으로 인정하는 것입니다. 상사가 제일 싫어하는 경우는 실무자가 변명하는 경우입니다. 그 어떤 경우도 득이 되지 않으니 솔직하게 인정하는 게 좋습니다.

회사의 리더 그룹인 본부장이나 팀장의 경우 본인들의 실수나 사고 혹은 문제들을 타 팀 혹은 타 본부 탓으로 돌리는 경우가 종종 있습니다. 이 경우 정답은 없습니다. "시간이 지나면 정의가 승리하리라."라는 믿음을 가지고 지나가는 것이 좋습니다. 그 논쟁에 잘못 휘말리면 진흙탕 싸움이 됩니다. 얻는 것도 없고 자신이 초라해집니다.

실수를 자기 책임으로 인정하는 사람이 되십시오. 그런 사람은 재발방지책을 만들고, 경험 많은 직원으로 거듭납니다. 그 어떤 사람도 실수나 실패 또는 사고를 치지 않은 사람은 없습니다. 그런 시련에 어떻게 반응하느냐가 더 중요합니다.

부서장 시절에 직원들에게 수습일지라는 것을 매달 1개씩 쓰도록 하였습니다. 이 일지는 업무 진행 중 특이사항, 오류 발생 등을 월 1회 정기적으로 기록하고, 그 해결 방법이나 대안 등을 제시하며, 현업에 적용하기 위한 목적이었습니다.

이 수습일지의 형식은 (1) 제목, (2) 개요, (3) 개선 및 처리 사항, (4) 성과 및 효과를 나누어서 기술합니다. 이런 활동을 4년간 계속 진행한 결과, 스스로 문제의 원인을 파악하고, 그 개선 아이디어를 스스로 찾아내어 현장에 응용하게 되었습니다.

저는 이 수습일지를 평가해서 개인 평가에 반영하였습니다. 저를 포함해서 4명의 팀장과 매달 가장 잘 쓴 수습일지를 찾았습니다. 최우수 수습일지는 매월 워크숍을 해서 그것을 전 직원에게 발표하게 했습니다.

문제해결 능력은 이런 과정을 거쳐 조금씩 개발됩니다. 전 직원이 최소한 수습일지를 12개씩은 써야 합니다. 부서의 업무개선을 위한 제안을 매년 12개씩 쓴다는 의미입니다. 글로벌 어떤 기업도 최고 수준이 7-8개 수준인데, 저희는 12개이기 때문에 최고 중의 최고입니다.

명심하세요. 변명 또는 실수를 자책하지 말고 책임을 인정하세요. 적극적으로 재발방지책을 만들어, 수습 능력을 키우세요. '문제 해결사'라는 훌륭한 지도자가 될 잠재력을 가지게 될 것입니다.

- 관리직군 -

⑥ 빠른 대응 능력 : 상사는 일을 정확하게 하는 것보다 빠르게 하는 것을 좋아한다.

이번에 소개할 빠른 대응 능력은 관리직군의 핵심역량으로서, 그분들은 주로 인사, 총무, 재무, 회계, 생산 및 서비스 등에 관한 업무를 합니다.

관리직군 직원은 주어진 일을 체계적으로 효율적으로 해야 합니다. 그러기 때문에 책임감이 강하고, 보수적이며, 능률적이어야 합니다. 그들은 디테일에 강합니다. 숫자에도 밝습니다. 그들의 역할은 회사에서 결정된 아이디어를 추진력 있게 밀고 나가는 것입니다. 실제 행동으로 옮기는 일을 주로 합니다.

이것이 가능하려면 '숙달'이라는 개념을 이해해야 합니다. '생활의 달인'이라는 TV프로그램을 떠올려 보면 됩니다. 거기에 나오는 출연자는 오랜 시간 같은 업무를 반복적으로 하다 보니 일에 자연히 숙달됩니다. 남들보다 빠른 속도로 일하는 경우가 대부분입니다. 속도만 빠른 것이 아니라 그 내용도 좋습니다. 대단한 분들입니다.

제 경우도 업무 속도를 높이기 위해 1인(人)=3역(役)이라고 해서 한 직원이 세 가지 업무를 할 수 있도록 하는 것을 목표로 하여 업무 로테이션을 진행하였습니다. 한 직원이 세 가지 업무에 익숙해지기까지는 힘들어도, 달성하고 나면 업무 대응 속도는 엄청나게 진전되는 것을 보았습니다.

제가 당시 해당 부서에 부임했을 때 평균 퇴근 시간이 8시 45분이었는데, 3년 후에는 6시 20분으로 약 2시간 25분을 단축했습니다. 직원들이 업무에 있어서 디테일이 강해지고, 속도도 빨라지는 등 정확한 업무의 달인이 되었던 것입니다.

　신입사원의 경우 업무를 빠르게 하기 위해서는 상사에게 중간보고를 하는 프로세스를 가져야 합니다. 실무자들은 보고서를 다 만들어서 상사에게 보고하는 것보다, 만드는 중간 중간에 보고하는 습관을 갖는 것이 더 중요합니다.

　그 과정에서 대개 상사는 본인의 생각과 아이디어를 세심하게 지시하는 경우가 많습니다. 그 내용을 받아 잘 정리하는 것이 오히려 업무 속도를 빠르게 하는 길입니다.

　명심하세요. 상사는 정확하게 하는 것보다 빠르게 하는 것을 좋아합니다. 업무 숙달과 상사에게 중간보고를 활용하여 속도를 높이세요.

⑦ **업무분석 능력 : 일은 복습과 반복이 중요하다. 정리하고, 분류하고, 시스템화하라. 그리고 공유하라.**

　일은 짧게는 3개월, 길면 6개월 정도면 보통 자기에게 주어진 일을 잘 해냅니다. 물론 영업과 같은 전문직은 그 이상 걸리기도 합니다. 고객 확보하는 시간을 고려하면, 적어도 1년은 족히 걸리는 것 같습니다.

　일은 복습과 반복을 하다 보면 숙달하게 됩니다. 여기까지는 누구나 하는 것 같습니다. 그다음부터 차이가 납니다. 자기 업무를 문서로 정리한 사람과 그렇지 않은 사람으로 구분됩니다.

제가 40명 정도 부하직원이 있는 관리부서장으로 발령받은 적이 있습니다. 업무를 파악하기 위해 직원들에게 자기 업무를 설명하도록 하는 시간을 가진 적이 있었습니다. 그때 알았습니다. 평소 자기 업무를 나름 문서로 정리한 직원들은 간단하게 설명하는가 하면, 전임자가 만들어 놓은 업무 매뉴얼을 설명하는 분도 있었고, 설명하는 본인도 듣는 저도 이해가 안 가서 난처한 일도 있었습니다.

자기 업무를 정확하게 정리와 분류하지 않으면, 전산으로 시스템화가 불가능해지며 부하 직원에게 자신의 비법을 공유할 수도 없습니다. 여기서부터 일 잘하는 직원과 못하는 직원이 구분되는 시점입니다.

한국만 그러는 것이 아닙니다. 미국에 있는 제 아들도 이제 입사 2년 차입니다. 1년 차일 때 들은 얘기입니다. 시니어 직원이 신입사원인 자기에게 일만 시키고 어떻게 업무를 처리하는지 가르쳐 주지 않는다는 것입니다. 자기와 친한 다른 시니어에게 물어보기도 하고, 업무시스템을 개발한 본사 직원에게 물어보면서 업무를 익혔다고 합니다.

지금은 자기가 업무를 정리해서 새로운 신입사원과 인턴사원에게 알려주기도 하고, 자기 밑에서 일하는 직원에게 어떻게 업무를 처리하는지 자세히 설명해 준다고 합니다. 본인이 너무 어렵게 배워서 그런 것 같습니다.

명심하세요. 일은 복습과 반복으로 시간이 지나면 숙달됩니다. 그

다음부터 경쟁력의 차이가 발생합니다. 자기 업무를 정리하고 분류해서 전산화(시스템)하고, 자신의 비법을 부하직원들과 공유하면서 그들을 가르쳐야 합니다. 그것이 경쟁력 있는 직원이 되는 길입니다.

- 전문직군 -

⑧ 고객(선행부서)니즈 파악과 대응 능력 : 일의 종착지인 선행부서의 관점에서 일의 프로세스를 재검토하라.

전문직군은 모든 영업을 포함하여 전산, 연구소, 법무와 세무 등에 관한 업무입니다.

제가 아는 중소기업 사장님들은 대학원을 많이 다닙니다. 인맥을 넓히기 위해서 입니다. 40개의 대학원을 다닌 분도 있다고 들었습니다. 회사에서도 임원이 되면, 소위 '최고경영자과정'을 다닙니다. 영업 임원들의 필수 코스입니다. 영업에 성공하려면 인맥을 통한 잠재 고객의 경험과 네트워킹을 활용하는 것이 중요하기 때문입니다.

전문직군에 근무하는 분들에게 고객의 관점에서 일하는 능력이 없다면 전문가로서의 존재 의미가 없어집니다. 예를 들어 전산 IT 직종의 경우, 현장의 업무를 전산화해야 하기 때문에 선행부서 직원들과 충분한 소통을 할 줄 모르면 훌륭한 결과물을 낼 수 없습니다. 연구 분야도 기술이 융합과 복합화가 진행되면서 협력연구가 중시되기 때문에 선행부서 직원들과 소통을 통한 아이디어 확장이 안 되면 도태될 수밖에 없습니다.

세계에서 가장 인기 있는 혁신 디자인 회사 IDEO의 이야기입니다. (출처 : 제프다이어외 2인, 이노베이터 DNA, 세종서적) 디자인 혁신을 위해서 반드시 3가지 영역의 전문가 중 한 명을 반드시 팀원으로 구성한다고 합니다.

첫째, 혁신적 아이디어의 타당성 여부를 판단하기 위한 인적 분야 전문가입니다. 둘째, 혁신적 아이디어의 기술적 가능성 유무를 평가하기 위한 기술 분야의 전문가입니다. 셋째, 혁신적 아이디어의 비즈니스 생존 가능성과 수익성 여부를 평가하기 위한 비즈니스 분야 전문가입니다. 이처럼 전문가들의 역할은 일선 업무를 하는 사람들에게 자기의 전문적인 식견을 제삼자의 고객 관점으로 제공해야 합니다.

고객의 관점에서 업무 프로세스를 생각해 보는 것이 얼마나 중요한지 또 다른 사례를 이야기하려고 합니다. 부하직원이 매일 7시 30분에 출근하여 8시까지 자료를 만들어 사장실에 보고하는 업무를 하였습니다. 그 일을 언제부터 했는지 물었습니다. 전임자로부터 인계받아 현재 2년째 하고 있다고 합니다. 자료를 살펴보니 사장님에게 필요한 보고 내용은 아닌 것 같았습니다.

일주일 동안 사장실에 보내지 말라고 하였습니다. 그런데도 사장실에서는 아무런 문제도 제기하지 않았습니다. 결국 그 보고 업무는 폐지되었습니다. 그 직원은 아주 좋아했습니다. 일찍 출근하지 않아도 되었기 때문입니다. 저도 기뻤습니다. 쓸데없는 일을 없앴기 때문입니다. 그때 배운 교훈은 고객의 관점에서 업무를 재검토하는 것이 매우 중요한 프로세스라는 사실입니다.

명심하세요. 일의 종착지인 고객(선행부서)의 관점에서 일의 프로세스를 늘 재검토하세요.

다. 목표 달성 역량 : 모든 직원의 꿈

⑨ **성과창출 능력** : 리더는 목표 달성의 성과로 평가를 받는다. 성과가 최종목표다.

피터 드러커가 리더십의 정의를 '성과를 창출하는 사람'이라고 정의하였습니다. 이 정의가 저에게는 명쾌하게 들렸습니다. 리더가 해야 할 일은 목표를 달성해야 하고, 그 성과에 의해 평가를 받으며, 고과도 그것에 기초하여 진행됩니다.

리더의 가장 중요한 일인 목표 달성 방법에 관하여 설명하려고 합니다. 정답은 사람입니다. 전략이 아닙니다. 그러한 인재를 찾으면 목표 달성은 자연스럽게 달성되기 때문입니다. 그 직원이 목표를 달성할 전략도 짜고, 그 목표 달성에 필요한 실행계획뿐만 아니라 자원도 확보합니다.

제가 부서장 시절에 가장 중요한 업무가 채권결제와 국제결제였습니다. 채권결제를 잘하는 직원을 발굴하여 다른 사람보다 많은 업무를 수행하도록 했습니다. 심지어는 전산개발을 위해 거의 1년간 파견을 보내기도 했습니다. 그런 일을 수행해 준 덕분에 본인은 대리와 과장 승진이 수월하게 진행되었습니다.

국제결제 부분도 입사한 지 얼마 되지 않은 직원과 가장 능력 있는 팀장을 발굴하여, 전산화 등 영업부서에 필요한 많은 조치를 하였습니다. 그 결과 영업부서의 많은 애로 사항을 해결하였습니다. 이 업무를 담당했던 직원은 홍콩 현지법인으로 스카우트되어, 훌륭한 일을 현재 수행하고 있습니다. 은퇴 후에 연락이 와서 신입사원 시절에 그 일을 하게 해 준 덕분에 홍콩에 근무하게 되었다며 감사를 표하기도 했습니다.

부서 내에 좋은 직원이 없으면 외부에서 영입해 와야 합니다. 지점장으로 근무할 때 실적이 부족하여 투자 상담사를 영입하여 부족한 목표를 채웠습니다. 본사에서 근무할 때도 결제를 더 잘하기 위해서 외국계 증권사에서 근무하는 직원을 스카우트해서 팀장으로 활용하기도 했습니다.

매켄지가 '인재 전쟁'이라는 연구보고서를 발간한 것은 1997년입니다. 코로나 이후의 시대에서 이 용어는 완전히 새로운 의미가 되었습니다. 일터는 가상세계, 혹은 현실과 가상이 혼합된 환경으로 변화하였습니다. 원격 협업 없이는 조직의 물리적 실체마저 느껴지지 않는 이러한 환경에서 유능한 인재 발굴 경쟁은 더욱 치열해졌습니다.

그래도 인재 발굴은 외부보다는 내부에서 적임자를 찾기를 권고합니다. 평균적으로 내부 임용이 외부 임용보다 우수한 성과 평가로 이어지고, 소모비용도 적게 들며, 개선의 여지가 많기 때문입니다.

명심하세요. 리더는 목표 달성으로 평가받습니다. 사람 보는 눈을 키워서 내부에 있는 부하직원을 발굴하십시오. 부족하면 외부에서 훌륭한 인재를 찾아야 합니다. 이것이 리더의 성과 창출 방법입니다.

⑩ 업무분장 능력 : 업무분장은 직원의 장점을 기초로 배정하라. 장기적으로 원하는 일을 할 수 있도록, 경력 기회를 부여해라. 그것이 중요한 동기부여다.

업무분장을 영어로 R&R(Role and Responsibility)이라고 합니다. 업무분장은 역할과 책임의 한계를 정하는 것입니다. 보통 처음 부서에 발령받으면, 현황 파악 차원에서 직원들의 업무분장을 확인합니다.

부하직원이 10명 이하면 기록할 필요가 없습니다. 그러나 10명이 넘으면 기록해야 합니다. 제가 관리부서장을 할 때 직원이 45명에서 50명 가까이가 되었고, 팀이 5개였습니다. 직원 이름 외우는 것도 일이었습니다.

두꺼운 노트를 사서 한 장마다 이름을 적고 1) 과거에 무슨 일을 했는지, 2) 부하직원의 장점과 현재의 성과, 3) 희망 업무 등을 기록하였습니다. 일하다가 부하직원의 장점이 보이면 기록했습니다. 되도록 매우 구체적으로 기술하였고, 반드시 날짜를 기재하였습니다. 나중에 고과 자료로 활용하기도 했습니다.

약 1년간 이 자료를 만들다 보니 자연스럽게 부하직원의 과거 경험과 현재의 장점, 그리고 성과를 이해하게 되었습니다. 직원들의 희망 업무가 우리 부서 내에서 해결할 수 있으면, 가능한 한 바로 업무 로테이션를 진행하여 본인이 원하는 업무를 경험하게 해 주었습니다.

나중에 알게 되었지만 이러한 내용이 '생애진로사정'을 할 때 파악하는 내용이었습니다. 직업상담기법으로서 상담자가 내담자를 처음 만났을 때 사용하는 구조화된 면접 방법입니다. 이를 통해 내담자의 교육과 경력, 기술과 유능성, 여가와 취미, 신념과 태도, 가치관 등을 파악할 수 있습니다.

한 가지 주의해야 할 것이 있습니다. 부하직원의 인사기록 파일을 정리할 때, 단점을 절대로 기록하지 않아야 합니다. 사람은 장단점이 공존합니다. 장점만 보아야 합니다. 저는 부하직원의 단점은 업무분장에 참고하지도 않았습니다. 오로지 장점을 토대로 업무분장을 하였고, 본인이 희망하는 업무만 즉각 반영하여 부하직원의 경력개발을 도왔습니다.

이러한 장점에 기초한 업무분장과 경력개발 기회 제공이 직원들에게 큰 동기부여가 됩니다. 그 당시 직원들이 '업무의 달인'이 되려는 성취 욕구가 있다는 사실도 알게 되었습니다. 리더가 직원들의 급여와 성과급을 올려줄 수 없다면, 업무분장과 경력개발을 잘 활용해야 합니다. 그것이 조직을 효율적으로 운영하는 방법입니다.

명심하세요. 업무분장은 직원들의 단점이 아닌 장점을 기초로 배

정해야 합니다. 경력 개발할 수 있는 희망 업무를 적극적으로 반영해 주세요. 그것이 직원들의 동기부여 방법입니다.

⑪ 인사고과 능력 : 평가는 중간 중간 피드백해서, 업무 결과를 부하직원에게 알려주라.

리더의 역할은 다음과 같습니다. 1)업무분장과 경력개발, 2)평가와 고과, 3)위험관리(문제해결 포함)입니다. 지난번에는 리더의 역할 중에서 1)업무분장과 경력개발에 대해서 설명하였고, 여기서는 평가와 고과에 관하여 이야기하려고 합니다.

직원들의 평가는 부서 목표에 기여한 순서대로 인사고과를 진행해야 합니다. 그래서 조직의 목표와 개인의 목표를 일치시켜야 합니다. 그 기여도에 따라 성과급도 지급되어야 합니다. 그것이 조직의 리더가 해야 할 가장 중요한 업무라고 생각합니다. 공정하게 평가 포상을 하면 조직의 목표 달성 가능성이 높아집니다.

저의 경우에는 공정한 평가를 위해서 가능하면 부서 직원을 매달 혹은 분기별로 면담하여 업무 평가를 합니다. 업무 평가가 끝나면 그 결과를 본인에게 알려줍니다. 정기 고과 때 아는 것보다 심리적 충격을 완화할 수 있습니다.

또 다른 방법은 고과의 50%를 공개합니다. 수습일지 평가(업무 착오나 실수를 기록, 해결 대안을 제시하는 제안제도)와 업무 매뉴얼 평가를 매월 실시하여 그 결과를 고과에 50%를 반영하는 것입니다.

나머지 50%는 팀장 평가로 진행됩니다. 이것은 공개하지 않습니다. 이런 방법을 사용하여 자신들의 평가 결과를 어느 정도 예측 가능하도록 하였습니다.

MS CEO인 사티아 나델라는 2013년에 취임하면서 전임 스티브 발머의 스택랭킹 시스템을 폐지하였습니다. 스택랭킹 시스템은 직원들의 성과에 따라 줄을 세운 뒤 고성과자는 포상하고, 저성과자는 해고하는 방식이었습니다.

나델라는 이 시스템이 내부 경쟁을 초래하고 직원들의 사기를 저하하면서, MS의 '잃어버린 10년'을 초래한 원인으로 지목했습니다. 나델라는 상대평가를 절대평가로 바꾸면서 평가의 가장 중요한 요소에 '동료와의 관계'를 포함했습니다.

직원들이 자신의 성과를 얘기할 때 '팀원의 의견과 아이디어를 어떻게 활용했는지', '동료의 업무에 자신이 어떤 기여를 했는지'를 포함하도록 한 것입니다. 나델라는 평가결과 공유를 위해 팀리더와 팀원이 1년에 최소 3-4번을 정기적으로 만나는 '커넥트'라는 시스템을 도입했습니다. 이를 통해 관리자가 평가가 아닌 직원의 성장을 돕도록, 업무 우선순위와 목표 재조정, 수행 성과, 직원의 성장 여부 등을 지원하도록 하였습니다.

우리나라도 상대평가에서 MS처럼 절대평가로 개선되기를 희망해 봅니다. 중·고등학교, 대학, 심지어는 사회에 나와서도 상대평가로 줄을 세우는 문화에 너무 익숙해져 있습니다.

명심하세요. 중간 중간 수시로 평가해서 직원들이 업무개선을 할 수 있도록 기회를 주고, 평가와 고과 결과에 대한 충격을 완화해 주어야 합니다.

⑫ **위험관리 능력 : 위험관리를 해라. 이를 위해서는 문제해결 능력이 필요하다.**

위험관리는 문제 발생 시 해결 대안을 찾아 수습하는 일입니다. 리더의 문제해결 능력에 관한 내용입니다. 현장 실무자들은 일하다 보면 실수나 착오로 문제를 일으킵니다. 문제의 종류와 내용은 매번 다릅니다. 한 가지 기억나는 것은 하이닉스 기관 청약자금이 2주간이나 일치되지 않아 밤을 새웠던 일입니다. 사장님에게 불려가 치명적인 실수가 되지 않도록 수습하라는 말도 들었습니다.

2주 후 청약금을 환불하는 날에서야 그 원인이 밝혀졌습니다. 영업직원이 당일 청약을 하고 청약 취소를 한 후 저희 팀에게 통보 없이 자금부를 통해 자금을 인출한 것입니다. 그만큼의 자금이 일치되지 않았던 것입니다. 그 일을 겪으면서 완벽한 청약 시스템이 구축되었습니다. 그 사건 이후 또 한 번의 하이닉스 청약이 있었는데, 증권업계 최초로 국내분과 해외분 청약을 가장 빠르고 완벽하게 진행하였습니다.

이 사건을 교훈 삼아 저는 문제가 발생하는 위험관리에 관하여 고민해 보았습니다. 그래서 얻은 결론은 '실수 없이 일한다.'라는 것이 오히려 좋지 않은 결과를 가져올 수 있다는 것이었습니다. 일하다 보면 늘 실수나 착오가 발생합니다.

그런데 윗분들이 '실수하지 말고 일하라!'라고 강조하면 직원은 거짓말을 하거나 사고 또는 실수를 은폐하게 됩니다. 그것이 더 위험합니다. 차라리 '누구나 실수를 할 수 있으니, 빨리 보고하고 수습하는 것이 더 낫다.'라는 분위기를 만들어야 합니다.

사전에 보고하면 어떤 실수도 용서하지만, 덮었다가 발견되면 퇴출당할 뿐만 아니라 모든 책임은 본인이 져야 한다고 천명했습니다. 빨리 보고하면 일이 크게 번지기 전에 해결책이나 대안을 찾을 수 있습니다. 또 실무자, 팀장, 부서장 등이 공동 책임을 지게 되니 본인의 부담도 덜 수 있습니다. 그런 문화를 만들기 위해 노력한 결과, 은폐 문화가 사라지고 거짓말이 없어졌습니다. 실무자들의 긴장도도 많이 낮아졌습니다.

명심하세요. 리더는 위험관리를 해야 합니다. 사전 예방보다는, 수습을 강조하고 문제해결 능력을 높여야 합니다.

라. 소통 역량 : 리더의 고민

⑬ **목표정렬 능력 : 나무가 아니라, 숲을 보고 소통하라. 조직의 운영원칙(예, 비전, 추진목표, 핵심가치 등)을 이해시키고, 자기 업무와의 연관성을 고민하게 하라.**

조직에 필요한 목표를 세우고, 그것을 구성원과 어떻게 소통하는

지에 관한 내용입니다. 숲을 보고 소통하는 방법입니다.

미국에서 주차장 설비 건축으로 성공한 교포 기업인인 하용록 회장의 이야기입니다. (하영록, P31, 두란노) 재구매율을 80%로 회사 목표를 정했다고 합니다. 재구매율이 60~70%이면 현상 유지이지만, 80%가 되면 마케팅을 할 필요가 없어집니다. 다시 찾아온 고객은 이미 마음을 정한 상태라 사무실에 앉아서 다른 일 하다가, 전화로 '오케이 사인'만 하면 됩니다.

직원 입장에서는 수주를 따기 위해 시간과 비용 등 추가적인 불필요한 노력을 할 필요가 없습니다. 현재 공사에 따른 고객의 요청을 최대한 수용하고, 그분들을 만족시키는 데 총력을 다 했다고 합니다. 그 결과 어니스트영 최우수 건설 기업가 상, 필라델피아 올해의 엔지니어 상 등을 수상했으며 2013년에는 오바마 정부 국립건축과학원의 이사로 선임되었습니다. 그의 이야기는 KBS-TV <글로벌 성공시대>에 방영되기도 했습니다.

소통의 핵심은 회사가 정한 목표와 그것을 수행하는 직원 간의 이해와 공감을 전제로 해야 하고, 그 성과가 본인들에게도 도움이 돼야 합니다. 이것이 숲을 보고 소통하는 방식입니다.

저의 경우 본사에서 관리부서장 하던 시절, 직원들이 공감하는 목표가 무엇인지에 대해 고민하다가 퇴근 시간을 목표로 삼았습니다. 처음 부임하고 직원들이 퇴근을 너무 늦게 했습니다. 평균 퇴근 시간이 8시 45분이었습니다. 평균이니 거의 10시 이후에 퇴근하는 직원들이 많았습니다. 어쩌다 한 번이면 모를까 이건 아니다 싶었습니다.

팀장들에게 매일 아침에 어제 직원들 퇴근 시간과 함께 늦은 사유에 대해서 보고하게 했습니다. 그 이유가 업무 미숙인지, 직원 부족인지 아니면 다른 이유가 있는지를 파악하려고 했습니다. 3년간 직원들의 업무능력 제고와 수작업 업무 전산화 등 다양한 노력을 통해 퇴근 시간을 6시 30분으로 낮췄습니다. 그해 최우수 부점장 상을 받고, 부서평가도 A를 받는 해가 되었습니다.

참고할 만한 좋은 책이 있습니다. '존도어'라는 분이 인텔의 CEO였던 앤디 그로브 밑에서 배운 내용을 스타트업에 적용하고, OKR이라는 목표관리 도구를 만들어서 더 유명해졌습니다. 바로 'OKR 전설적인 벤처투자가가 구글에 전해준 성공방식'이라는 책입니다.

명심하세요. 숲을 보고 소통하되, 의미 있는 영업목표를 세우고, 직원들의 업무 연관성을 고민하게 하세요. 그것이 좋은 소통 방법입니다.

⑭ **보고서 작성 능력 : 커뮤니케이션은 메일과 전화, 카톡과 문자, 대면 회의와 화상 회의, 보고서 등 모든 매체로 적극적으로 소통하라. 그러나, 실무자는 보고서를 잘 작성해야 경쟁력이 생긴다.**

회사의 공식적인 소통 방법은 실무자의 문서작성을 통한 '보고서'와 상사와 대면해서 직접 '보고'하는 프로세스로 이루어집니다. 기타 다양한 소통 매체는 업무 진행과 관련된 수단으로 생각하면 됩니다.

외부 회사와는 메일로, 사내 직원과는 회사 내부 통신망을 통해서 소통합니다. 기타 다양한 목적으로 회의를 하기도 합니다. 최근에는 코로나로 인해 화상 회의가 대세가 되었습니다.

실무자는 보고서를 잘 작성해야 경쟁력이 생깁니다. 실제 현업에서 사용하는 보고서 작성하는 방법을 소개합니다.

1단계는 보고 대상(팀장, 본부장, 최고경영자)과 보고 목적(예산이 포함된 영업 전략 결정, 제도개선이 포함된 영업지원 정책, 법적 이슈에 관한 보고와 대책)을 사전에 인지하는 단계입니다. 여기서 중요한 포인트는 보고 대상자가 관심 없어 하는 내용이 필요 이상으로 작성되는 것을 피해야 합니다. 보고 목적보다 보고 대상이 더 중요합니다.

2단계는 자료조사입니다. 가설을 설정하고 자료 수집하는 과정에서 자료의 뼈대가 되는 스토리라인을 정합니다. 신경 써야 할 포인트는 신뢰할 수 있는 자료를 사용해야 하고, 상황별로 자료의 정보 내용이 변형될 수 있으므로 내용을 정확히 이해해야 합니다. 계산 자료, 시장조사 통계 등도 객관성을 가진다면 활용할 수 있습니다. 다만, 보고서 내용에 결정적인 정보가 되는 자료일수록 그 사실 여부에 대해 명확히 검토함으로써 정확성을 유지해야 합니다.

마지막 3단계는 보고서를 작성하는 단계입니다. 보통 표준목차가 존재합니다. 순서는 추진배경 - 추진방안(추진방향과 추진방법) - 추진일정(예산포함) 아니면, 현황분석(수리적 데이터 분석포함) - 추진방안(추진방향과 추진방법) - 추진일정(예산포함)입니다. 보고서 작성단계에서는 마무리 과정이 중요합니다. 보고 대상자의 입장과 시각으로 읽어보면서 이해가 안 되는 부분이 없는지, 어려운 용어가 있는지를 점검합니다. 또한, 복잡한 내용을 설명할 때는 표나 그림을 이용해 이해가 쉽도록 표현해야 합니다.

그렇다면 좋은 보고서란 무엇일까요? 좋은 보고서는 세 가지가 담겨져 있어야 합니다. 첫째, 콘텐츠가 좋아야 합니다. 둘째, 보고서 작성 스킬이 담겨야 합니다. 셋째, 주장에 근거가 되는 살아있는 계량적인 데이터가 존재해야 합니다. '콘텐츠(Contents)', '스킬(Skill)', '데이터(Data)'가 좋은 보고서의 3요소입니다.

명심하세요. 리더는 모든 매체로 적극적으로 소통하고, 실무자는 임팩트 있는 보고서를 잘 작성해야 합니다.

⑮ 보고와 발표 능력 : 상사 스타일에 맞게, 일의 결과를 보고하라.

상사 보고에 관한 소통 방법입니다. 조직에는 두 가지 유형의 리더가 존재합니다. 나의 상사가 어떤 유형인지 늘 관심 있게 관찰하여야 합니다. 관찰만 잘하면 금방 어떤 유형인지 알 수 있을 겁니다. 유형에 따라 보고서의 관심사, 좋아하는 보고서의 콘텐츠, 그리고 보고 방식이 결정됩니다.

실무형 리더는 사전에 결론에 도달하는 방법에 관해 관심을 많이 가집니다. 결론을 지지하는 수치 데이터와 국내외 사례, 타 상품과의 비교 등 실증적인 자료가 중요합니다. 또 자세한 설명이 필요합니다.

보고를 연역적으로 진행해야 합니다.

반면에, 전략형 리더는 결론부터 설명해 나가는 귀납적 접근을 해야 합니다. 수치 데이터보다는 명분 즉 '왜 해야 하는지'에 대한 설명이 중요합니다. 해야 할 이유가 설득되면 본인이 많은 질문을 할 것입니다. 이런 상사는 사전에 예상 답변 준비가 매우 필요합니다.

이처럼 상사의 유형에 맞게 상사의 관점에서 솔직하고 자신 있게 보고해야 합니다. 제가 이것을 정확히 깨달은 것은 임원 시절입니다.

부사장님은 전략형 리더이고, 사장님은 실무형 리더였습니다. 보고서는 최종 의사결정자인 사장님이 좋아하는 방식으로 준비하고, 부사장님 보고 시에는 결론과 왜 이런 방식의 추진을 하게 된 것인지 그 배경을 설명하였습니다.

3년 동안 두 분을 모시면서 보고서 통과의 비법을 훈련하였습니다. 이런 역량을 습득하기 위해서는 늘 상사의 지위나 성향 등을 통해 상사의 유형을 파악하는 것이 필요합니다. 상사가 전략형인지, 실무형인지 구분하지 못하면 소통이 어려워집니다. 상사, 선배 직원, 동료, 후배 직원 등 360도로 모든 사람에 관해 관심을 가져야 합니다. "전략형일까?, 실무형일까?"라고 자문해 봐야 합니다. 그러다 보면 사람 보는 눈이 생깁니다.

상사에게 보고하기 전에 무슨 목적으로 보고하는지에 대해 한번 정리해야 합니다. 특히, 전략형 리더인 경우는 더 신경을 많이 써야 합니다. 예산 품의인지, 단순한 현황 보고인지, 아니면 제도개선(안)

인지 한 번 곱씹어 보아야 합니다. 그러면 훨씬 보고가 명료해집니다. 명심하세요. 상사의 스타일에 맞게, 일의 결과를 보고해야 합니다.

⑯ 경청 능력 : 신입사원이라도 회의에서 반드시 발언하게 하라. 제삼자의 얘기를 통해 소통의 폭이 넓어진다.

낯선 시각, 제삼자의 관점이 왜 필요한지 설명하려고 합니다.

저는 은퇴 후에 친구의 추천으로 상장회사인 L 산업 감사로 선임이 되었고, 이사회 등 회의에 참여하게 되었습니다. 추천해 준 친구에게 물었습니다. "내가 어떤 역할을 하면 되나?"라고. 그랬더니 답변이 인상 깊었습니다. "제삼자의 관점에서 얘기하라." 낯선 시각이 필요했던 것 같습니다.

그 회사는 합판과 마루를 생산하여 판매하는 회사입니다. 마루의 경우 강화마루, 강마루, 원목마루 시장으로 구분되어 있습니다. 제가 감사선임 초기에 제품개발에 관한 시장조사를 도와 주면서, 원목 마루 시장에 진입하는 것이 좋겠다고 조언해 주었습니다. 시장 데이터를 보니 계속 성장하고 있고, 경쟁자들은 해외 제품을 수입하는 중소 상인들이 대부분이었기 때문입니다. 제 기억으로는 '데카'라는 회사가 그나마 상당한 실적을 내고 있었지만, 우리 회사 정도면 충분히 이길 승산이 있다고 판단했습니다.

참 낯선 시각이었습니다. 사장님과 직원들에게 어떤 임팩트가 있었던 모양입니다. 그 후 제품개발과 생산 노력 덕분에 원목 마루가 고가 제품임에도 불구하고 실적에 큰 도움이 되었다고 들었습니다. 그렇습니다. 신입사원과 같은 외부시각이 중요합니다. 회사에 들어가면 신입사원이라고 주눅 들지 말고 이야기하십시오. 특별히, 회의 시에 당당하게 자신의 의견을 피력하세요.

'악마의 변호인'(Devil's Advocate) 또는 '레드팀'(Red Team)이라고 불리는 사람은 의도적으로 반대 의견을 제기하는 사람입니다. 로마 교황청에서 성인을 추대하는 심사과정에서 후보자가 성인이 되어서 안 되는 이유를 집요하게 끄집어내는, 반대자의 임무를 수행하는 악역을 지칭하는 말에서 유래됐습니다. 최근에 검찰개혁에도 이러한 제도를 활용하고 있고, 회사에서는 반대자의 의견을 의도적으로 청취하여 혁신의 실마리를 찾으려 하기도 합니다.

건전한 소통을 위해 신입사원 같은 낯선 제삼자의 시각이 필요합니다. 조직 내에 있는 사람들은 너무 익숙해진 나머지 그런 관점을 제공하지 못합니다. 그래서 신입사원이 들어오면 의견이 있는지 물어봅니다. 그때를 대비해서라도 늘 준비해야 합니다. 이것이 신입사원의 특권이기도 합니다. 본인이 본 조직의 문제를 제기하세요. 대안이 있다면 더 좋습니다.

명심하세요. 리더는 신입사원에게 회의에서 반드시 발언하게 하십시오. 소통의 폭이 넓어지고 깊어집니다.

마. 통찰 역량 : 보지 못하는 것을 보는 능력

⑰ **일에 대한 통찰력 : 리더는 사건 해석, 즉 관점의 전환을 잘해야 합니다.**

일에 대한 통찰력에 관한 이야기입니다. 만약 리더를 상수와 하수로 구분한다면, 이 기준을 가지고 판단할 것입니다. 저도 잘못하는 역량입니다. 그래서 저의 이야기보다 존경하는 리더의 주장하는 바를 이해하는 편이 더 나을 것입니다.

이 사실을 저에게 일깨워 준 분을 소개하고자 합니다. 경영의 신으로 불리는 이나모리 가즈오 회장입니다. 교세라 그룹을 창업하고, 77세에 파산 위기에 몰린 일본항공사(JAL)에 취임해 8개월 만에 흑자 전환한 것으로 더욱 유명한 분입니다.

그분은 세상의 모든 일에 대한 독특한 해석의 관점을 가진 분입니다. 첫 번째가 우주에는 '이타의 바람'이 불기 때문에 모든 일의 출발은 누군가에게 도움을 주려는 '의도적 선함'과 내가 아닌 남을 생각하는 '습관적 배려'로 시작해야 한다고 합니다. 이런 마음으로 행한 일은 '언젠가 좋은 결과로 자신에게 돌아온다.'라고 해석합니다.

두 번째로 재난은 기꺼이 받아들이고 행운은 신중히 받아드리라고 합니다. 인생을 살아가면서 재난을 만나지 않는 사람은 없습니다. 재난과 고통은 예기치 못한 순간에 생각지 못한 형태로 닥쳐옵니다. 그럴 때 의기소침한 상태로 절망의 구렁에 빠져 허우적거리기만 한다면 그저 재난의 아가리 속에 머리통을 내어 주는 꼴과 다름이 없습니다. 그분은 "이 정도의 곤란으로 지나갔으니 다행이다."라며 감사해야 한다고 해석합니다.

반면에 일이 조금 잘되어 간다고 해서 주위 사람들이 추켜올리면 금세 마음이 해이해져 마치 실이 끊어진 연처럼 한없이 붕붕 떠다니는 게 우리 인간의 본성입니다. 인생의 길이 잘못 내딛는 원흉이 되는 것은 실패와 좌절이 아닙니다. 그분은 "사람을 몰락시키는 것은 늘 성공과 칭찬입니다."라며 행운 앞에서의 신중을 강조합니다.

세 번째는 "미래를 믿고 나가면 신의 속삭임이 들린다."라고 해석합니다. 이 말이 무슨 의미인지 그의 목소리로 들어보기를 바랍니다.

"이 길 끝에는 반드시 내가 상상한 미래가 있다는 확신을 품고 뚜벅뚜벅 걸어갑니다. 사방이 완전히 꽉 막힌 길 위에 있는 것 같아도, 힘겹게 산 정상에 오르고 나면 한눈에 시야가 펼쳐지듯이 그때까지 안고 있던 고민이나 의문이 한순간에 스르르 녹아내리기도 합니다. 이것을 나는 '신의 속삭임'이라고 부릅니다. 미래를 믿고 한 걸음씩 착실하게 걸어가는 사람들만이 손에 넣을 수 있는 하늘이 내린 포상이라고 해도 좋을 것입니다."(이나모리 가즈오, 왜 리더인가, 다산북스)

명심하세요. 리더는 '사건의 해석' 즉, 관점의 전환을 잘해야 합니다. 이것이 리더가 가져야 할 자세이며 태도이며 덕목입니다. 일에 대한 통찰력이기도 하고, 리더를 상수와 하수로 구분하는 시금석이기도 합니다.

⑱ 사람에 대한 통찰력 : 리더는 후보들을 찾아서, 조직을 승계하도록 노력해라.

조직을 승계할 리더에 대해서 말하려고 합니다. 쉽지 않은 이야기입니다. 자기보다 뛰어난 리더를 발굴해야 하기 때문입니다.

앞서 리더는 목표 달성으로 평가받는다고 이야기했습니다. 이를 달성하는 방법으로 인재 발굴을 주장했습니다. 적절한 사람을 찾아 업무를 맡기면, 목표 달성이 자연스럽게 됩니다. 전략보다 사람을 찾는 것이 중요하다고 강조했습니다.

이제 제가 추천하는 잠재력 있는 리더로 몇 가지 유형을 제시하고자 합니다. 저는 이런 사람을 리더로 세웠습니다. 이 후보군에 속한 실무자들을 저는 좋아했습니다. 늘 관심을 두고 주위에서 이런 사람을 찾았습니다.

첫 번째 리더 후보는 일의 이유와 목적을 생각하고, 그것을 정리해서 소통하는 사람입니다. 특히, 실무자 중에서는 찾기가 어렵습니다. 이런 분이 있다면 당연히 리더의 자격이 있는 사람입니다. 리더가 되면 제일 많이 하는 일이 조직의 목표가 개인에게 어떤 의미가 있는지 재해석해 주는 것입니다. 영업점에 주어진 계량 목표와 비계량 목표가 직원들에게 동기를 제공하고 의미가 있어야만 그 목표를 달성하려고 노력하게 됩니다.

두 번째 훌륭한 리더 후보감은 성장 욕구가 많은 사람입니다. '동기형 인재'로서 언제나 일을 잘하려는 열정이 있는 분들입니다. 실제로도 그런 분들은 일을 잘합니다. 스스로, 자발적으로 노력을 하기 때문입니다. 성취동기가 높으므로 주어진 목표도 잘 달성합니다. 탐나는 인재입니다.

세 번째 리더 후보감은 절박한 상황에서도 냉정함을 유지하는 '외유내강(外柔內剛)형' 인재입니다. 내면이 강한 긍정적인 분들입니다. 어려운 문제가 생길 때 이런 분들은 실력을 발휘합니다. 침착하게 사태를 해결합니다. 참 멋있는 분들입니다.

네 번째는 실패 경험이 있는 사람을 리더로 선발하려는 경향이 있습니다. 겸손한 사람이기 때문입니다. 산전수전을 다 겪은 노련한 분들입니다. 조직에서는 오히려 한 번도 실패하지 않고 승승장구하는 사람을 조심합니다. 실패할 확률이 높을 수 있습니다. 실패가 없으므로 자만하고 겸손하지 않습니다. 타인에 대한 배려가 부족합니다. 부하들이 부담스러워합니다.

마지막 리더 후보감은 궁금증이 많아 늘 질문을 많이 하는 실무자들입니다. 문제의식이 많아 '해결사'가 될 가능성이 큽니다. 언제나 모르는 것을 질문합니다. 알 때까지 고민합니다. 조직의 고질적이고 구조적인 문제를 잘 해결합니다. 이런 분들을 조직에서는 '문제 해결형 인재'라고 불립니다.

저는 여기서 다섯 가지 리더 후보군을 제시했습니다. 이런 분들은 대개 통찰력과 창의력을 가진 조직의 리더로 성장합니다.

명심하세요. 주어진 목표를 달성하고 조직을 승계하려면, 이런 리더를 발굴하면 다 해결됩니다. 리더는 노력해야 합니다.

(2) 관계 역량 : 직장생활의 관계 법칙

① 자원지원 능력 : 동료가 긴급히 요청하는 일을 내 일처럼 도와주라.

회사생활은 나 혼자 홀로 업무를 수행하는 것처럼 보이지만, 같은 팀 내의 동료와 선배, 그리고 상사들과 함께 일을 합니다. 타부서하고도 본인 업무에 따라 선행부서와 후행부서 관계로 긴밀히 연결되어 있습니다.

그 때문에 인간관계에 신경을 써야 합니다. 해외의 어떤 기업은 신입사원에게 1년간 업무 배정을 안 하고, 타부서 직원을 사귀게 한다고 합니다. 왜 그러겠습니까? 그만큼 인간관계가 업무를 수행하는 데 도움이 되기 때문입니다.

저의 경우 IT본부의 문제를 내 일처럼 적극적으로 도와주었습니다. IT본부는 모든 부서의 업무에 대한 전산 개발을 담당합니다. 즉, 전산 담당자가 현장 부서의 업무를 분석하여 그것을 시스템화 해야 합니다. 만약 업무분석을 위해 해당 업무 담당자가 직접 IT부서로 파견 가서, 화면을 개발하고 수정과 검증까지 도와준다면, IT부서로서는 정말 고마운 일이 됩니다. 그 어떤 팀장도 현행 업무를 수행하는 직원을 그 업무에서 배제하면서까지 파견하는 사람은 잘 없습니다.

저는 1년간 일 제일 잘하는 채권담당자를 IT본부로 파견시켜, 실무자와 팀장, 그리고 본부장까지, 그들의 마음을 얻었습니다. 제가 근무하는 동안 전산 개발 관련한 여러 문제를 해결했습니다. 업무보다 오히려 이러한 인간관계가 더 중요할 수 있습니다. 동료의 요청을 바쁘다는 핑계로 무시하지 마세요. 적극적으로 내 일처럼 도와주세요.

'Give & Take'(출처: 애덤그란트, Give & Take, 생각연구소)라는 책을 보면, 회사는 남의 일을 도와주는 이타주의자 '기버(Giver)'와 '또라이'라고 불리는 이기주의자(Taker), 그리고 보통 사람인 '매처(Matcher)'로 구성되어 있다고 합니다.

회사에서 성공하는 상위 3%가 이타주의자 '기버(Giver)'라고 합니다. 그와 동시에 하위 부진 그룹도 '기버'라고 하는데, 이기주의자(Taker)에게 이용당해 호구가 되었기 때문이라고 합니다. 참 흥미로운 결과입니다. 남의 일을 내 일처럼 도와주는 일을 하면서도, '양의 탈을 쓴 늑대'인 이기주의자 '테이커(Taker)'를 조심하십시오.

저는 아랫사람의 공을 가로채는 상사도 보았고, 동료를 흠잡아 나쁜 소문을 퍼뜨려 자기 위치를 공고히 하는 이기주의자도 보았습니다. 부하직원이 팀장을 건너뛰어 본부장과 결탁해서 자기 상사를 쫓아내는 일도 보았습니다. 사회생활의 현실입니다.

명심하세요. 동료가 긴급히 요청하는 일을 내 일처럼 도와주세요. 그리고 또라이 '테이커(Taker)'를 조심하세요. 잘못 걸리면, 평생 호구가 됩니다.

② 관계개선 능력 : 항상 '관계 개선 활동'(예, 커피 한 잔, 음식 대접, 동우회 활동)을 습관화하여, 동료들과 친하게 지내라.

인간관계라는 것은 하루아침에 형성되지 않습니다. 저에게 은퇴 후에 L 산업 감사 자리를 추천해 준 친구는 대학 때 만났으니, 줄잡아도 40년 된 사이입니다. 대학에 강의할 수 있도록 도와준 친구도 10년 넘게 사귀었습니다. 사단법인을 만들자고 제의한 후배도 알게 된 지 25년이 되었습니다.

인간관계에서 신뢰를 형성하려면 관계 개선 활동을 꾸준히 해야 합니다. 처음 사회생활을 시작할 때부터 습관을 들여야 합니다. 그 방법으로는 동문회, 동호회, 향우회 등 각종 모임에 참여하는 것입니다. 저도 동문회의 도움을 많이 받았습니다. 외부 영업을 할 때 고등학교나 대학 동문을 활용하여 첫 만남을 주선하는 경우가 많았습니다. 2~3단계만 건너면 다 연결되는 것이 한국 사회입니다.

친구들 모임도 굉장히 중요합니다. 친구 소개로 만나는 경우도 의외로 많습니다. 친한 친구는 일 년에 4번, 혹은 2번은 꼭 만나야 합니다. 정 시간이 안 나도 1년에 한 번은 아무 이유 없이 만나야 합니다.

조기축구회, 등산, 골프, 야구 등 운동모임도 네트워크를 확장하는 데 매우 중요합니다. 사회생활을 하다 보면 운동을 규칙적으로 하기가 어렵지만, 주말을 활용해서 좋아하는 운동을 하는 분들이 많습니다. 회사 직원들과 같이하다 보면 자연스럽게 타부서 사람들과도 친해지게 됩니다.

영업전문가들은 골프를 주로 합니다. 골프 이외에 등산, 축구, 테니스 등 다른 분야를 개척하는 것도 좋습니다. 마라톤과 같이 뛰는 것을 좋아하는 분들도 의외로 많이 있습니다.

명심하세요. 좋은 인간관계를 위하여 꾸준히 관계 개선 활동을 해야 합니다. 하루아침에 만들어지지 않습니다.

③ 칭찬과 격려 능력 : 잘한 일에 '칭찬과 격려'는 주저하지 말고 전달하라.

우리는 사람인지라 자기에게 비판적인 사람에 대해서는 싫은 감정이 생기고, 칭찬과 격려를 해주는 사람에게는 우호적인 태도를 보이게 됩니다. 인간관계를 친밀하게 하는 방법은 비판보다는 칭찬과 격려인 것 같습니다.

아무 때나 칭찬과 격려를 남발하면, 진정성을 의심받거나 아부로 생각해서 오히려 역효과가 납니다. 어찌 보면 칭찬과 격려는 타이밍이 더 중요한 것 같습니다. 잘한 일이 생겼을 때, 동료와 상사들의 장점을 발견했을 때, 업무 성과가 객관적으로 인정될 때, 칭찬과 격려를 해야 합니다. 저는 부하직원이 고객에게 친절하게 대했다거나, 자산관리를 잘하여 큰 수익이 발생했거나, 타부서에 큰 도움을 주어 해당 부서장과 본부장으로부터 전화를 받았을 때 더 큰 칭찬과 격려를 했습니다.

잘한 일과 좋은 것에 대한 부정적인 반응과 긍정적인 반응을 정리한 책(조현삼, 관계 행복, 생명의말씀사)을 읽고 탁월한 비교에 감탄하였습니다. 좋은 것에 대한 안타까운 반응과 부정적인 반응을 '방치', '시기', '탐심'으로, 좋은 것에 관한 긍정적인 반응을 '위로', '본받음', '사모', '기대', '표현'으로 비교 설명하고 있습니다.

사람과 사람 사이의 관계가 행복해지는 방법은 쉽습니다. 방치, 시기, 탐심보다는 위로, 본받음, 사모, 기대, 표현을 실천하는 것입니다. 동료와 선배와 상사를 넘어, 가까운 가족과 친구까지 이러한 칭찬과 격려를 나누어 주는 것입니다.

명심하세요. 잘한 일에 칭찬과 격려는 주저하지 말고 전달하세요. 인간관계를 친밀하게 해주는 해독제입니다.

④ 지시수용 능력 : 상사 권위를 인정하라. 지시나 명령을 무시하지 말고, 반드시 수용하라.

우리는 어려서부터 리더십에 관한 이야기는 많이 듣습니다. 학창시절 반장이나 회장 등 임원 역할 하는 것을 명예롭게 생각하고 부모님들은 그것을 남들에게 자랑까지 합니다. 반면에 지도자나 회사 상사들이 좋아하고 선호하는 팔로우십(Followship)에 대한 조언은 잘 들어본 경험이 없었습니다.

회사생활의 초년생들에게 꼭 강조하고 싶은 것은, 리더십보다 '팔로우십'을 더 심도 있게 배우라는 것입니다. 입사 후 보통 빨라야 7년에서 길면 10년 정도가 지나야 리더가 됩니다. 즉, 리더보다는 실무자로서 더 오랫동안 근무해야 하기 때문에 팔로우십을 제대로 배우는 것이 더 현명합니다.

이번 역량이 바로 '팔로우십'의 근간이 되는 내용입니다. 리더의 권위를 인정하고, 상사의 지시에 빨리 대응하며, 지시한 내용을 충실하게 수행해야 한다는 사실입니다.

이 부분에 대해서 부끄러운 저희 실패담을 소개하려고 합니다. 제가 이 원칙을 무시하여 본사에서 지점으로 발령받았고 다시 본사로 돌아오는 데 약 5년이 걸렸습니다. 누구보다도 팔로우십이 중요하다는 사실을 뼈저리게 느꼈습니다. 상사의 권위를 인정해야 합니다.

제가 팀장이었던 시절입니다. 사장님이 저에게 앞으로 증권회사에서 온라인 거래가 활성화되기 때문에 향후 지점이 어떤 역할을 해야 하는지 연구하여 보고하라고 지시하였습니다. 그런데 그것을 무시하고 그 보고서를 작성하지 않았습니다. 온라인만 거래하는 점포를 타 경쟁사가 신설하던 시절인데, 그러한 대응은 옳은 방향이 아니라고 스스로 생각했던 것 같습니다.

사장님의 지시가 불편하게 느껴졌습니다. 지금 생각하면 낯 뜨거울 만큼 잘못된 대응입니다. 당연히 내 주장과 사장님 지시 사항을 적절히 절충하여 보고서로 만들어야 했습니다. 제가 상사가 되어보니 사장님 마음을 충분히 헤아릴 수 있었습니다. 제가 보기에도 한심한 부하 직원이었습니다.

회사생활에서 가장 중요한 것이 상사의 지시에 부하로서 당연히 따라야 합니다. 일단 "네" 하고, 그다음에 적절히 절충하는 방향으로 일 처리를 해야 합니다. 아예 무시했으니 그 벌을 아주 달게 받았습니다. 저는 실패했지만, 여러분은 그러지 마십시오.

명심하세요. 상사의 권위를 인정하고, 지시와 명령을 반드시 수행하세요. 그것이 팔로우십(Followship)입니다.

⑤ 동료관계 능력 : 일 잘하는 선배를 찾아, 배움의 멘토가 되어달라고 요청하라. 의외로 좋아한다.

회사생활을 처음 하면, 그 업무를 담당하는 전임자가 있고 대부분 동료는 업무 선배가 될 것입니다. 대개 업무난이도가 크지 않기 때문에, 전임자에게 업무 인수인계만 잘 받으면 처음에는 무리 없이 일을 시작할 수 있습니다.

어느 정도 처음 맡은 일이 익숙해질 때쯤이면 본인이 소속된 팀이나 타부서에 있는 유능한 선배들이 보이게 될 것입니다. 일하다 보면 자연스럽게 알게 됩니다. 일 잘하는 선배는 명성이 있기 마련입니다.

저의 경우는 처음 업무로 지점에서 주식 매매를 조언해 주는 영업을 했습니다. 업무에 익숙해질 무렵 우리 지점에서 아주 영업을 잘하는 선배를 알게 되었습니다. 그분이 영업을 잘하는 비결을 보니 기술적 지표인 차트 분석에 일가견이 있어 보였습니다. 저는 그 선배로부터 기술적 지표를 배웠고, 그 덕분에 제가 영업했을 때 그것으로 고객들에게 매매 타이밍 잡는데 요긴하게 사용했습니다. 지금도 주식을 매매할 때 잘 참고하고 있습니다.

일을 배울 때 학창 시절에 입시 공부하듯이 혼자서 학습할 수 있습니다. 그러나 좋은 선생님을 만나면 성과가 배가 되듯이 사회생활도 같습니다. 제가 도움을 주어서 H 자동차 신규사업 본부에 들어간 친구에게도 똑같이 얘기했습니다. 좋은 선배와 친하게 지내고, 그분들을 잘 모시면 많은 것을 배울 수 있다고 조언했습니다.

퇴근하면서 그 업무 선배에게 간단한 간식거리를 사다 준다거나, 주말에 축구 동우회에서 같이 운동하기도 했습니다. 결과적으로 대기업에서 2년 만에 특진(일반적인 일이 아닙니다. 본인도 승진할지 몰랐다고 합니다.)하여 대리로 승진하게 되었습니다. 자신의 노력도 있었겠지만, 업무 선배들의 직간접 도움도 무시할 수 없습니다. 이제 제가 계속해서 사회생활에서 인간관계를 강조하는 이유를 알겠지요.

명심하세요. 일 잘하는 선배를 찾아, 배움의 멘토가 되어달라고 요청하세요. 혹시 압니까? 그 선배 따라 강남(원하는 좋은 위치?)까지 갈 수 있습니다.

⑥ 상사관계 능력 : 상사를 비난하지 마라. 그 자리에 있을 이유가 반드시 있다.

인간관계의 가장 어려운 부분은 아마 상사와의 관계일 것입니다. 이 문제 때문에 회사를 떠나는 경우가 제일 많습니다.

저도 회사생활하는 가운데 가장 큰 스트레스가 상사 문제였습니다. 상사가 은근히 실적을 강요할 때 많이 괴로워했습니다. 더욱이 실력도 없으면서 그 자리에 있다고 생각하면 화가 나기까지 했습니다. 상사라는 자리가 실력과 성과만으로 올라가는 곳일까요?

최근에 '일의 격'이라는 책을 쓴 신수정 부문장님의 글에 참 많이 공감했습니다.

"기업에서 임원 이상 오른다는 것은 그들 나름 다들 특기가 있다는 것입니다. 성과나 똑똑함, 전문성이 유일한 특기가 아닙니다. 사실 정치도 특기이고 충성심, 오너와의 관계도 특기입니다. 기획과 쇼잉도 특기이고 독함도 특기입니다. 오히려 성과는 20년 이상 꾸준하게 낸다는 것이 거의 불가능하므로 실력과 성과에만 초점 맞춘 이들은 좋을 때는 잘 나가지만, 언제가 실패할 때 누군가도 보호해 주지 않습니다."

상사를 비난하는 것보다 그분의 장점을 활용하는 것이 지혜롭습니다. 혹시 상사가 그 자리에 있을 자격이 없다는 부정적인 생각이 들 때, "지금은 내가 모르지만, 아마 그만한 이유가 반드시 있을 거야."라고 넘어가야 합니다.

저희 아들도 신입 1년 차에 일을 시키는 시니어가 설명도 없이 일만 강요하여서 참 난감해하였습니다. 그 당시 상사를 많이 비난했습니다. "어차피 2년간은 그 사람 밑에서 일해야 하는 데 그렇게 비난만 하고 있으면 너만 손해니까 그 사람과 친하게 지낼 수 있도록 수단을 취해 보라."고 충고한 적이 있습니다.

아침 출근할 때 커피 한 잔 사다 드린 후부터 자기편이 됐다고 합니다. 다른 시니어들이 본인을 괴롭히려고 하면, 나서서 방어해 주었다고 합니다. 상사가 업무적으로 도움은 주지 않았지만 다른 것으로 보상해 주었다는 소식입니다. 윗사람하고 좋은 관계를 맺는 것은 사회생활에서 반 이상의 스트레스를 줄이는 길입니다.

명심하세요. 상사를 비난하지 마세요. 그 자리에 있는 이유가 반드시 있습니다.

(3) 태도 역량 : 좋은 인성을 갖는 법

① 책임완수 능력(정직) : 변명하지 마라. 잘못한 일에 대해서 '즉시 보고'하는 습관을 가져라.

늘 부딪치는 실수나 실패 혹은 사고에 대해 우리는 어떤 태도를 보여야 하는지에 관한 이야기입니다. 정직하게 이야기해야 합니다.

제가 본사에서 부서장으로 있었던 때, 담당 임원이 직원들이 사고치지 않도록 관리를 잘하라고 볼 때마다 제게 당부했습니다. 그럴 때마다 사람이 일하다 보면 작은 실수나 사고는 늘 있게 마련인데, 어떻게 할지 참 고민을 많이 했습니다.

우리는 실수나 사고를 치면 일단 방어적으로 변합니다. 그것을 숨기기 위해 거짓말을 하거나 아니면 변명하게 됩니다. 이러다 보면 처음에는 사소한 거라도, 불길처럼 번져 큰 사고로 발전할 수 있습니다. 차라리 빨리 보고하여 수습하는 게 더 낫습니다. 책임지겠다는 심정으로 말해버리면 속이 후련할 수 있습니다. 동료와 상사들의 도움도 받을 수 있습니다. 혼자보다 여러 사람이 문제 해결하겠다고 달려들면 웬만한 문제는 해결됩니다.

저는 부하직원들에게 이렇게 말했습니다. "사람은 누구나 부족하여 실수나 사고를 칠 수 있다. 그때 바로 보고하면 그 책임을 묻지 않겠다. 하지만 보고하지 않고 나중에 발견되면 반드시 책임을 묻겠다."라고.

잘못한 일에 대해서 사전 보고하는 분위기를 만들었습니다. 보고된 문제들은 대부분 팀장과 일 잘하는 선배 직원들에 의해 해결됐습니다. 금전적 피해가 생긴 경우라도 사전에 보고하면 담당자, 팀장, 부서장인 저까지 삼자가 부담하니 해당 직원의 피해가 상당히 경감되었습니다.

'바스프'라는 독일계 세계적인 화학회사에서 사고와 안전 등을 담당하는 임원하고 이야기를 나눈 적이 있습니다. 대개 사전에 보고만 되면 큰 사고로 번지지 않는다고 합니다. 큰 사고는 사소한 실수를 은폐하거나, 무심코 넘겼다가 커지는 경우가 많다고 합니다. 자기도 회사 교육할 때 사전 보고의 중요성을 강조한다고 합니다.

'그게 다'라는 제목(신수정, 일의 격, 턴어라운드)으로 실수나 잘못에 대해 조언한 신수정 부사장 글에도 공감했습니다.

"실수했으면 고치면 되고, 잘못하면 꾸중을 듣고, 성과가 안 나오면 교훈 삼아 다음에 잘하면 되고, 차였으면 다른 사람을 찾으면 된다. 그게 다다."

사회생활을 이런 태도로 하면 항상 당당할 수 있습니다. 변명하면서 수동적으로 행동하지 마세요. 상사가 제일 싫어합니다. 이것은 책임을 완수하려는 사람의 모습이 아닙니다. 명심하세요. 변명하지 마세요. 잘못한 일에 대해서 정직하게 '즉시 보고'하는 습관을 지니십시오. '그게 다'입니다.

② 조직융화 능력(겸손) : 자기가 잘한 일을 자랑하지 말고, 다른 사람이 칭찬해 줄 때까지 기다려라.

잘난 체하지 말고 겸손하게 행동하는 것이 사회생활의 기본태도입니다. 이에 관한 조언입니다. 이것이 조직을 융화시키는 데 윤활유 역할을 합니다.

기업에서 '재수 없는 사람'에 대한 이야기가 있습니다. 부하 중에서 일은 잘하지만, 잘난 체하는 사람을 극도로 혐오하는 상사들이 많습니다. 겸손한 사람, 인성을 갖춘 사람을 더 좋아합니다. 자신이 잘한 일을 동료와 선배, 상사들이 칭찬할 때까지 기다려야 합니다. 자기 말로 하면 자랑이고 잘난 체이지만, 남이 해주면 칭찬이고 격려입니다. 잘난 체하는 거만한 사람이 되느냐, 겸손한 사람이 되느냐의 갈림길은 기다림에 있습니다.

자랑하고 싶어 입이 간지러워도 다른 사람이 칭찬과 격려를 해 줄 때까지 기다리세요. 그것이 사회생활에서 지혜로운 처신입니다.

반면에, 모든 사람이 인정하는 객관적인 성과는 자랑해도 됩니다. 공인된 기관이 인정한 영어나 중국어 성적, 회사에서 실적 우수하다고 평가받은 포상, 거래소나, 협회, 재경부 등 국가기관으로부터 받은 표창장 등 모든 사람이 동의한 성과는 당연히 자랑해도 상관없습니다. 이런 내용은 자랑이 아닙니다. 스스로 노력한 결과를, 모든 사람 혹은 권위 있는 국가기관에서 인정한 것이기 때문입니다. 그들이 객관적인 성과를 우리를 대신하여 자랑해 주고 있는 것과 같습니다.

제 지인의 딸이 회사에서 자기가 잘한 일에 대해서 상사가 알아주지도 않고, 오히려 남자 직원의 공으로 돌린 문제로 저와 상담한 적이 있습니다. 제가 그랬습니다. "네가 잘한 일은 본인이 이야기하든 안 하든, 상사가 왜곡하든, 주위에 동료와 선배들이 다 안다. 그런 소문일수록 빠르게 조직에 퍼져 누가 일 잘하는지 다 안다."라고 조언해주었습니다. "그러니 너무 슬퍼하지도 말고, 괴로워하지도 말고, 열심히 일하라."라고 격려도 잊지 않았습니다.

실력이 어디 갑니까? 그 회사와 거래하는 고객사에서 스카웃 제의가 왔습니다. PT하던 와중에 사장님이 보시고 자기 회사에 와서 일해 달라고 요청한 것입니다. 몇 달 후 이직하였고, 덕분에 그 회사가 만든 상품도 선물로 받기도 했습니다. 자기 잘한 일은 자기가 자랑하지 않아도 회사 내에도 알고, 회사 밖에도 알려집니다. 참 신기한 일입니다.

명심하세요. 자기가 잘한 일을 자랑하지 말고, 다른 사람이 칭찬해 줄 때까지 기다리세요.

③ 규정 준수 능력(신뢰) : 아침 출근 시간은 꼭 지켜야 한다. 규칙을 지키는 것이 신뢰의 기초다.

신뢰에 관한 이야기입니다. 사소해 보이지만, 정해진 아침 출근 시간부터 잘 지켜야 합니다.

요즈음 코로나로 재택 근무하는 경우가 많습니다. 컴퓨터 로그인 기록이 남습니다. 정해진 시간에 출근하도록 해야 합니다. 상사들은 의외로 이런 규칙을 통해 직원의 신뢰 여부를 판단하기도 합니다.

배달의 민족 김봉민 회장이 만든 업무규칙 중 이런 내용이 있습니다. "9시 1분은 9시가 아니다." 그렇습니다. 규칙을 지켰느냐 지키지 않았는지의 차이만 남습니다. 사소하다고 무심코 지나칠 일이 아닙니다.

업무를 하다 보면 정해진 마감 시간이 있습니다. 그 정해진 날을 꼭 엄수해서 보고서도 만들고, 업무도 종료해야 합니다. 자꾸 지체하게 되면 상사의 머리에 각인됩니다. 신뢰할 수 없는 직원으로 낙인찍을 수도 있습니다.

약속도 신뢰를 가름하는 중요지표입니다. 저는 늘 약속 10분 전에 도착할 수 있도록 서두릅니다. 이런 것이 쌓이면 상대방에게 믿을 수 있는 사람으로 보입니다. 어떤 분은 카톡이나 문자, 이메일 등 답장을 중요하게 생각하는 분도 있습니다. 바로 바로 대응하는 것도 중요한 행동이라고 강조합니다. 반응이 없으면 기분이 상하는 것이 인지상정입니다. 사소한 것이라고 무시하지 마세요.

"장사의 기본은 신용이다." 누구나 아는 말입니다. 그런데 신용이 있는 사람은 많지 않은 것 같습니다. 연전에 상장회사 사장과 임원을 지냈던 분들과 담소할 기회가 있었습니다. "막상 사람을 뽑으려 하면, 믿고 맡길 수 있는, 신뢰할 수 있는 사람은 너무 찾기가 힘들다."라고 토로한 적이 있습니다.

사회생활의 성공은 실력도 중요하지만 믿을 수 있는 사람이 되는 것입니다. 그 길의 출발은 출근 시간, 마감 시간, 약속 시간, 답장하는 자세에 달려 있습니다.

명심하세요. 아침 출근 시간을 꼭 지키세요. 이것이 신뢰를 쌓은 출발점입니다.

④ 컴플라이언스 능력(성실) : 윤리의식을 가지고 양심의 소리에 귀를 기울이면서 일하라.

준법정신에 관한 이야기입니다. 저는 부하직원과 제 잘못으로 세 번의 징계를 받았습니다. 징계 후에 계속 직장생활을 할 수 있었던 것은 사적 이익이 개입되지 않았고, 양심을 거역한 행동이 아니었기 때문입니다.

첫 번째 징계는 지점에서 실적제고를 위해 투자상담사를 영입하였을 때 입니다. 그 친구가 불법으로 매매를 했고 지점장으로서 관리자 책임의 일환으로 징계 받았습니다. 그 당시 감사담당자가 저의 3년간 녹취록을 다 들으면서 위법한 행동이나 잘못이 있는지 모두 조사하였습니다. 기분은 안 좋았습니다. 회사를 위해서 최선을 다했는데, 저의 사생활까지 탈탈 털어서 여죄를 추궁한다는 느낌을 받았습니다.

두 번째는 본사 관리부서장 근무 시절에 받은 징계입니다. 담당자가 실명 확인을 불확실하게 처리하여 부서장인 제가 주의를 받게 되었습니다. 제가 감사담당자에게 부탁하여 팀장 대신 징계를 받은 것입니다. 부하직원의 실수지만 책임자로서 당연히 받아야 할 책임이었고, 무엇보다 그 팀장을 대신하여 자원하는 심정이었기에 더욱 떳떳했습니다.

세 번째는 지주회사 근무 시절에 시너지 차원에서 소개한 내용이 증권거래법을 위반했다고 감독원으로부터 징계 받았던 사건입니다. 이 사건도 팀장을 배제하고 제가 담당자로서 문책 받았습니다. 다행인 것은 지주회사가 해산되어서 징계가 흐지부지되었습니다. 당시 외부 법무법인을 통해 지루한 법리 논쟁으로 꽤 오랫동안 진행되었던 일입니다.

회사 일을 하다 보면 본인이 잘못해서 징계 받기도 하고, 부하직원 잘못으로 관리자로서 연대 책임을 지게 됩니다. 이런 일로부터 자유로워지려면, 사적 이익이 개입되지 않아야 합니다. 개인의 이익을 위해서가 아닌 회사를 위해서 일 하다가 생긴 일이면 늘 구제가 됩니다.

개인도 그렇고 회사생활도 그렇고 무슨 일을 하더라도, 잘하려다 생긴 잘못은 용서가 됩니다. 반면에 윤리의식이 부족한 성희롱, 부당한 갑질, 횡령 등에 휘말리면 회사를 떠날 수밖에 없습니다.

명심하세요. 윤리의식을 가지고 양심의 소리에 귀를 기울이면서 일하십시오.

⑤ **자기조절 능력(자기관리) : 쉬는 것이 그 어떤 일보다 중요하다. 일을 떠나 멈춤과 내려놓음을 배워야 한다. 삶의 20% 시간을 떼어내어, 휴식에 사용하라.**

제가 제일 중요하게 생각하는 가치입니다. 쉼에 관한 이야기입니다.

베이비붐 세대인 저는 쉼과 휴가의 중요성에 대해 매우 둔합니다. 그 당시에는 토요일에도 일하였고, 가끔 일요일에 나와서 일하기도 했던 때입니다. 심지어는 수당이나 휴일 근무에 대한 대가를 신청하지도 않았습니다. 그게 미덕으로 여겨지던 시절입니다.

제가 회사의 중간 간부로 승진할 때부터 부하직원들에게 휴가에 대해서 철저하게 보장해 주었습니다. 여름 일주일 휴가는 잘라서 사용하지 말고 한꺼번에 사용하도록 하였습니다. 특히 해외여행을 가려고 한다면, 설과 추석을 이용해서 사용할 수 있게 배려하였습니다. 심지어 노조로부터 여직원 특별 휴가(월 1회)를 다 사용한 부서로 유일하다며 칭찬까지 받았습니다.

사람은 일주일에 한 번은 쉬도록 설계되었다고 생각합니다. 일주일에 한 번은 약 20% 정도입니다. 주 52시간 근무 보장도 삶의 20% 정도의 시간은 쉬어야 한다는 신호인지도 모르겠습니다. 쉼이 없는 노동은 절대 안 됩니다. 구글도 업무시간 20% 정도는 본인이 하고픈 일을 하도록 하고 있습니다. 일로부터 떠나 멈춤과 내려놓음을 배워야 합니다. 쉬는 것을 일하는 것처럼 해야 합니다. 강제로라도 말입니다.

배달의 민족 김봉민 회장의 쉼에 대한 인터뷰를 소개합니다.

"주말만큼은 가족과 지냅니다. 결혼식도 안 가고 강연과 행사 요청이 와도 거절합니다. 카톡과 이메일 답장도 안 합니다. 다 월요일에 몰아서 한꺼번에 합니다."

"공동 창업자 세 사람이 돌아가면서 2달 휴가를 갑니다. 두 달 동안 서로 연락도 안 하고, 인스타그램과 페이스북에서 '좋아요'로 생사를 확인합니다."

"우리 회사는 5년 일하면, 한 달 쉬는 제도가 있습니다. 앞으로 더욱 확대해 나갈 예정입니다. 쉬어보니 확실히 쉼의 시간이 필요하다는 것을 알게 됐어요."

명심하세요. 쉬면서 자연도 바라보고, 하고 싶었던 취미활동도 해보고, 아님 멍 때리는 것도 좋습니다. 아무 일 없이 빈둥거려도 됩니다. 삶의 20%의 정도 시간을 떼어내 강제로 쉬십시오. 그것이 하나님이 인간을 만든 창조 질서입니다. 동참하세요.

⑥ 자기관리 능력(자기관리) : 건강을 챙겨라. 회사원은 운동선수가 되어야 한다. 이것이 자기관리의 출발점이다.

보통 사회생활에서 건강을 챙기는 것을 자기관리의 출발점으로 봅니다.

건강이 나빠져 회사 출근이 어려워지면, 그 모든 책임은 본인이 감당해야 합니다. 회사가 당사자의 휴가와 연차를 활용해서, 건강회복을 간접적으로 도와주기는 합니다.

요즈음 밀레니엄 세대(82년 생~2,000년 생)는 이전 세대보다 더 건강에 신경 쓴다고 합니다. 미국 데이터 의하면, 요즘 젊은 세대들이 유기농 식품 소비를 주도하고 있다고 합니다. 밀레니엄 세대의 65%가 유기농 식재료를 사고, 야채나 과일은 하루 5.12 접시를 소비(베이비붐 세대 4.43 접시)한다고 합니다. 이 세대는 아침 식사를 대체할 수 있는 말린 과일과 요구르트를 선호합니다. 건강 간식을 주도하는 것이 바로 밀레니엄 세대입니다.

이 세대는 먹는 것만큼 운동도 열심히 합니다. 운동선수처럼 자기 신체를 단련하는 것에 매우 익숙한 세대입니다. 피트니스, 요가, 필라테스, 댄스 등 다양한 운동을 즐깁니다. "건강을 챙겨라."하고 조언하는 것은 저의 기우에 불과합니다. 아마 자신의 건강을 지키는 일에 있어서 만큼은 잘 실천할 것으로 보입니다.

조기 축구로 열심히 신체 단련을 하는 분도 있고, 마라톤에 미쳐 각종 대회를 준비하는 직원도 보았습니다. 아니면 주말마다 산행하는 분도 있었습니다. 야구 동우회를 만들어 아마추어 대회에 꾸준히 참가하는 분도 있었습니다.

저는 아침마다 농구하거나 새벽에 피트니스 센터에서 운동하고 출근하기도 했습니다. 이렇게 한 것은 40대 후반부터입니다. 30대에는 바쁘다는 핑계로 건강을 돌보지 않다가, 늦게 시작하였습니다.

명심하세요. 건강을 챙기세요. 그것은 자기관리의 증거입니다. 운동선수처럼 식단관리, 신체 훈련, 휴식 등 균형 있게 진행하세요. 건강관리는 매우 중요합니다.

02

**다양한 2030 세대의
진로 케이스를 파악하고,
분석하고, 모방하라.**

우리는 앞으로 30살에 사회에 진출하여, 30년씩 두 번 총 60년을 일하는 사회에 살게 됩니다. 60살 전후에 은퇴해서 30년을 더 살아 100세 전후에 죽는 것이, 일반적인 삶이 될 것입니다. 이제 적성에 맞는 직업을 찾는 전통적인 진로 모델로는 부족합니다. 부업과 자기 사업의 기초가 되는 기업가정신을 동시에 공부해야 합니다.

유튜브와 쇼핑몰 운영이 누구에게나 쉽게 접근이 가능해진 시대가 되었습니다. 많은 2030 세대가 이를 통해 돈을 버는 것이 일반화되어가고 있는 것 또한 현실입니다. 부업과 자기 사업이 어려운 것이 아닙니다. 누구나 아이디어만 있으면 한번 시도해 볼 수 있게 된 것입니다.

2부에서는 어떻게 해야 장기적으로 자신만의 경쟁력을 가질 것인지 고민해 보는 시간을 가지려고 합니다. 이를 위해 다양한 2030 세대의 이야기를 담았습니다. 이 사례를 보고, 자신의 몸에 맞는 진로 모델을 찾기를 희망합니다.

저 같은 베이비붐 세대들은 회사에 충성하며 살았습니다. 그것이 당연했습니다. 주말에 나오라면, 군소리 없이 나와서 열심히 일했습니다. 연차휴가도 계획서만 내고, 회사에 나와서 일하는 것이 당연한 세대였습니다. 야근을 하더라도 수당도 못 올리며 일했습니다. 여름휴가도 상사 눈치 보며 사용하였습니다. 지금 2030 세대가 보면 이해할 수 없는 일입니다. 회사에 충성하여 임원으로 승진하고 은퇴했는데도, 그런 삶이 후회됩니다.

저는 다음의 원칙을 가지고 2030 세대의 진로 케이스를 선정하였습니다.
(1) 제가 아는 2030 세대의 청년으로 한정했습니다. 제가 모르는 사람의 진로에 관해서 쓴다는 것은 설득력이 매우 낮을 거라고 판단하였습니다. 여기에 인용된 분은 저에게 상담을 받았거나, 아는 사람이어서 인터뷰를 통해 제가 직접 들은 이야기를 바탕으로 서술되었음을 밝혀둡니다. 사실에 근거해서 작성되었다는 의미입니다.

(2) 여기 인용된 분들은 모두 '전문영역'에서 취업 활동하는 분 혹은 해외에 취업하거나, 직장생활하면서 부업으로 자기 사업을 하는 투잡러, 마지막은 직장생활 접고 창업하고 있는 분들입니다. 창업하기 위해 사업 승계 작업 중인 분도 추가하였습니다.

(3) 이분들의 케이스를 가능한 읽기 쉽게 편집하였고, 주제에 맞는 정보 중심으로 전달하고자 노력하였습니다.

책을 쓴다는 명분으로 다시 만나, 그들을 삶의 궤적을 반추하는 시간을 갖게 된 것은, 저에게는 큰 기쁨이 되었습니다. 저는 그들을 만나 이야기를 들어보면서, 우리 세대보다 더 실용적이고 지혜로운 삶을 살고 있다는 사실을 깨닫게 되었습니다. 참 대견하고 존경스럽기까지 하였습니다.
저는 많이 배웠고 오히려 은퇴 후 30년을 살아야 하는 이 고통스러운 삶에, 한줄기 해결의 실마리를 얻기도 하였습니다.

진로 케이스 1 : '전문가(고수)'가 되기 위한 취업과 이직 활동

    2030 세대의 여러 진로 중에서 직장생활하는 분들의 사례만을 삽입하였습니다. 가장 보편적인 모델입니다. 하지만 여기서 주목해야 할 것이 있습니다.

    이들은 여러 번의 이직을 통해서 소위 '전문가(고수)'라고 불리는 직업을 찾고 그곳에 정착합니다. 그 후 본인의 가치를 올리는 작업을 한다는 것입니다.

    여기에 인용된 사례를 표로 정리하면, <표 3-1>과 같습니다.

<표 3-1> 전문가가 되기 위한 취업과 이직 활동

구분	주요 내용	비고
(1) 재보험 애널리스트	이직할 곳을 찾다가 발견된 전문직	

(2) 데이터 마케팅 분석가	SQL 독학으로 데이터 관련 지식 습득	관심 분야 발견
(3) 회계사	자격증을 활용하여 다양한 세계를 경험	다양한 경험
(4) 투자심사역	바이오 분야 공부와 직장 경험으로 선택	
(5) 법학전문대학원	변호사라는 전문가가 되기 위한 준비과정	
(6) 의학전문대학원	경제학도에서 의사로 전환한 이야기	진로 재검토
(7) 목수	여러 번의 이직 통해 평생 직업 발견	100세 삶 대비
(8) 컴퓨터 프로그래머	다양한 교육 방법을 찾아 도전하는 이야기	

(1) '재보험 애널리스트'로 거듭난 이야기

등장인물

지인의 소개로 만난 청년입니다. 제가 만난 당시는 보험 자격증 공부를 시작한 지 거의 1년 정도 지난 후였습니다. 결혼할 신부가 있었으며, 내년 봄에 결혼을 목적으로 상견례도 마친 상태였습니다. 대학에서는 환경공학을 전공하였으며, 1년은 중국 교환학생으로, 또 6개월은 외국계 손보사에서 인턴으로 학교생활을 마무리하였습니다. 그 사이 군대도 다녀왔습니다.

졸업 후 1년은 자기가 하고 싶어 했던 작곡, 작사뿐만 아니라, 편곡과 엔지니어 등 음악 일을 하면서 보냈습니다. 그 후 국내 손보사에서 약 2년간 근무하였습니다.

> 상담 문제

앞으로 대기업에 취업 지원하려는데 자기소개서를 도와달라는 요청이었습니다. 그때 제가 인상 깊게 들었던 이야기가 있었습니다.

"교수님." (학교 강의를 하므로 이런 호칭으로 저를 부르기도 합니다.)

"왜?"

"제가 결혼하면 애를 낳아야 하므로, 저는 반드시 대기업에 취업해야 합니다."

"그래."

(저는 마음이 짠했습니다. 중소기업에 다녀서는 애를 낳을 수 없는 모양입니다.)

"그런데 고민이 하나 더 있습니다."

"무엇인데?"

"제가 음악에 미쳐 1년간 경력 공백기가 있습니다. 혹시 이것이 취업에 걸림돌이 되지 않을까요?"

> 공백기에 대한 견해

공백기는 취업 상담할 때 매우 중요한 핵심 테마입니다. 인사부 담당자도, 저도 서류를 검토할 때, 경력 공백기를 유심히 살핍니다. 이러한 공백기에 무슨 일을 했는지를 반드시 물어보고 확인합니다.

저도 이 질문을 받고 바로 답변하지 못했습니다. 하루 동안 곰곰이 생각했습니다. 두 번째 만남에서 몇 가지 질문을 하면서 답했던 것 같습니다.

"구체적으로 몇 곡을 만들었나?"
"5곡을 만들었습니다."
"그래. 그중 실제 음원까지 발매한 것은 몇 곡인가?"
"3곡입니다."

"내가 음원을 올리는 프로세스를 잘 모르는데, 그 과정을 설명해 줄 수 있나?"
"작곡과 작사한다고 끝나는 것이 아니라, 편곡도 해야 하고 엔지니어 활동도 필요합니다. 저는 그 모든 것을 스스로 배워서, 제가 북 치고 장구 치고 다 했습니다. 그것이 끝이 아닙니다. 마케팅 해야 합니다. 제가 만든 곡을 팔아야 하니까요. 유통회사를 찾아다니면서 영업해야 합니다."

"그래. 그러면, 1인 창업이구나. 경력 공백기로 쓰지 말고, 적극적으로 창업이라고 써라."

(아래 경력 기술서를 참고)

"예에!!"

(그 젊은 청년은 충격을 받은 모양입니다. 그러나 곧이어 좋아했고, 만족해하였습니다.)

<사례 3-1> 경력 기술서

1. D화재 특종손해사정/재물팀/주임/2019.01~2020.08(1년 7개월)
   - 주요업무 : 손해사정과 구상권 확보
   - 주요성과
     (1) 2019년 4월 본사 지점 포함 전 영업점 성과지수 4.2배로 주임 최초 1등 달성
     (2) 매출액 1억 2천만원, 성과 연평균 2.77배 달성(2019년 2.34배, 2020년 3.32배)
     (3) 고객민원 제로(VOC 포함)

2. 창업(스타트업)/앨범제작과 유통/대표/2017.09~2019.01(1년 4개월)
   - 주요업무 : 음악 앨범 기획, 제작부터 유통과 마케팅까지 전담
   - 주요성과
     (1) 두 번의 계약 실패 이후, 세 번째 앨범 B2C 최대 유통사 미러블 뮤직과 유통 계약
     (2) 사업체를 경영하며 체득한 주인의식

3. 외국계 위험 컨설팅 회사/위험관리자문팀/인턴연구원/2016.09~2017.03(6개월)

- 주요업무 : 데이터 해석과 입력
- 주요성과
  (1) 수작업으로 대사하던 방식으로 2시간 걸리던 업무를 검토용 엑셀을 제작, 1분으로 축소 및 오류 100개 이상 발견 처리
  (2) SCE project 참여, Workshop 서기(Scribe) 담당

뒷이야기

그 후 여러 번의 면접을 보았다고 합니다. 그때마다 본인이 창업한 이야기에 관해 많이 물었다고 하더군요. 1인 창업에 대한 시각이 매우 우호적일 뿐만 아니라, 자신이 했던 음악 활동에 대해 면접관들이 대견해하기도 했다고 합니다. 서류면접은 쉽게 통과되었고, 몇 개 회사로부터 입사 제의도 받았습니다. 그러던 중 본인이 그토록 원하던 '재보험사 애널리스트'로 취업에 성공하였습니다.

물론 결혼하려던 신부에게도 큰 선물이 되었습니다. 그 회사는 재보험사 중 상위권에 해당한다고 합니다. 충분히 애를 낳고 기를 수 있을 정도의 급여도 받습니다. 더욱이 경력도 인정받아 입사 1년 후 대리 진급 조건으로 재취업을 하게 되었습니다.

이렇듯 자기의 관심 분야를 만나면, 그 일을 하면서 경험을 쌓고, 거기서 쌓인 식견과 노하우를 바탕으로 언젠가는 전문가의 반열에 오르게 됩니다. 대체 불가한 직원이 되는 것입니다.

> **저자 생각**

취업을 못 하면 경력 공백기가 생깁니다. 그 공백기가 1년 정도는 괜찮습니다. 아니면 자격증 공부라든가, 1년간 '프로그램 공부'를 해도 좋습니다. 1년간의 아프리카 여행도 좋은 테마입니다. 캐나다나 호주로 워킹홀리데이를 다녀오는 것도 좋은 경력 공백기의 활동입니다. 취업 준비를 한다고 하염없이 쉬는 것은 잘못된 것입니다. 아르바이트라도 해야 합니다. 인사담당자 물었을 때 당당히 답변할 수 있는 일을 반드시 해야 합니다.

또 하나 알게 된 사실이 있습니다. 대기업 수준의 급여가 아니면 결혼해서 애를 낳기 어려운 세상이 되었다는 현실입니다. 국가가 풀어야 할 숙제가 아닐까요. 아니면 급여가 높은 직장으로 이직해야만 문제가 해결됩니다. 청년들의 고통은 동서양이 모두 같습니다. '출산과 육아 문제'입니다. 우리 동네 지인의 아들도 최근에 결혼했는데, 사전에 양가 부모님으로부터 '아이 없는 결혼(딩크족)'을 허락했다고 합니다.

마지막으로 하고픈 이야기는 전문가가 되는 출발점은, 자신을 꽂히게 만드는 일을 만나는 것입니다. 그것은 자기 반쪽을 만나는 운명과 같은 것입니다. 이분의 경우 이직 과정에서 만나게 된 것입니다.

이분의 자기소개서를 아래에 첨부합니다. 이직할 때 벤치마킹할 참고자료로 활용하여도 좋을 듯 싶습니다.

<사례 3-2> 자기소개서

[보험 전문인을 향한 첫걸음]

　손해사정회사의 재무팀에 근무한 적이 있습니다. 화재로 인한 사고 현장은 훼손 상태가 심하므로 건물 구조에 대한 이해가 필요합니다. 건축과 토목 출신이 아니면 훼손된 건물 실내 실외의 구조와 마감재를 파악하기 어려운 점이 있었습니다. 다행히 건축학과 친구와 실내 인테리어를 경험한 친구가 있었습니다. 그 친구들의 집에 방문도 하고 전화로 물어보는 등 전문성을 갖추기 위한 공부를 하게 되었습니다.

　저는 더 많은 일을 처리하기 위해서 아침 7시 30분에 회사에 도착하여 업무를 시작했습니다. 팀장님과 함께 일을 진행하면서 일의 성과에 필요한 핵심을 보게 되었습니다. 보험은 단일 부서만의 노력으로 완성될 수 있는 것이 아니라, 여러 부서가 한 몸과 같이 유기적으로 상호 작용할 때 완성된다는 걸 팀장님과 일하면서 배웠습니다. 드디어 1년 4개월이 되었을 때 본사와 지점을 포함해 전 지점에서 성과지수 4.2배로 1등을 달성하였습니다. 당시 팀장님은 주임이 1등 하는 것은 처음 본다며 칭찬을 해주셨습니다.

　보험 전문인이 되겠다는 결심을 하며 1년간 보험 관련 자격증을 준비하였습니다. 그 결과 2021년 5월 재물손해사정사 1차에 합격하였습니다. 동시에 기업보험심사역 시험에도 합격하였습니다. 향후 보험 전문인이 되기 위해 개인보험심사역을 취득할 계획이며, 경쟁력을 강화하기 위하여 SQL, 파이썬, R 등 통계 프로그램에 관한 전문가가 되기 위해 공부도 병행하고 있습니다.

〔눈보다 빠른 컴퓨터의 활용, 프로세스 개선〕

위험 컨설팅 회사인 D사의 위험관리 자문팀에서 6개월간 인턴으로 근무한 적이 있습니다. 주로 플랜트 설계도면 정보를 엑셀에 입력하는 단순 업무였습니다. 이 회사에서는 대사 업무를 부장님과 대리님 등 상사들이 진행합니다. 그분들은 파일당 20,000행 이상의 방대한 데이터를 눈으로 검토하는 방식으로 처리하고 있었습니다. 이런 방식은 제게는 매우 불합리하게 보였고, 약간 황당해 보이기도 하였습니다

이 문제를 해결하기 위해 수작업 업무 프로세스를 분석하여, 나만의 검토용 엑셀을 만들었습니다. 인턴들이 만든 데이터를 복사하고 붙여 넣으면 오류 부분과 개수가 산출되는 프로그램입니다. 이 프로그램은 COUNT, 텍스트 마법사, MATCH 함수 등을 사용하여 만들었습니다.

부장님과 대리님이 했던 방식보다 제가 만든 엑셀 방식으로 처리한 결과, 업무 효율도가 크게 향상되었습니다. 심지어는 제가 만든 엑셀 프로그램으로 파일당 1,000개의 오류를 발견한 적도 있었습니다. 부장님과 대리님이 대사하던 시간이 2시간이었는데, 1분으로 축소되었습니다. 부장님이 너무 기뻐하셨고, 인턴의 입력업무 대사하는 일을 저에게 주어서 부장님과 대리님 업무를 대신하게 되었습니다.

〔창업 : 처참한 실패를 통해 배운 태도〕

대학 졸업 후 친구들이 취업을 준비하던 시기에 창업하였습니다. 당시 음악 프로그래밍을 활용해 음악을 만들 수 있다는 확신이 있었습니다. 앨범을 제작하여 B2C 최대 유통사인 미러블 뮤직에 판매하

겠다는 구체적인 목표를 설정하였습니다.

평일에는 학교에서 조교를 하고, 주말에는 편의점에서 야간 아르바이트를 하며 필요한 악기와 장비를 구매하였습니다. 시간을 내어 악기를 연주하고 녹음하였습니다. 때로는 답이 없는 막막함에 잠을 이루지 못했습니다. 그럴 때마다 주변과 비교하지 않고 저만의 목표를 향해 나아갔습니다.

작곡, 연주, 녹음과 엔지니어링을 공부하면서, 첫 번째 앨범을 완성할 수 있었습니다. 첫 번째 앨범도, 두 번째 앨범도 미러블 유통사에서는 번번이 퇴짜를 맞았습니다.

실패 원인을 분석하다 보니 앨범의 음악과 소개 글, 앨범 재킷 등이 유기적으로 연결되어 있지 않았다는 느낌을 받았습니다. 세 번째 앨범부터는 작사, 디자이너, 뮤직비디오 감독과 기획 단계부터 함께 하였습니다. 마침내 미러블 뮤직 유통사와 계약을 할 수 있었습니다. 두려움과 막연함을 극복하고 전체 프로세스를 기획, 진행하였고 그 결과물을 창출할 때까지의 전 과정은 저에게 값진 경험이었습니다.

(2) '데이터마케팅 분석가'를 향한 노력기

등장인물

제가 그 친구를 알기 시작한 것은 벌써 7년이나 되었습니다. 그는 매년 학비 지원을 받는 장학생이었습니다. 지방대학 출신이며 전공은 건축학을, 복수전공으로 디자인을 공부한 이과 학생이었습니다.

여러 번의 만남

지금부터 4년 전 제가 그의 자기소개서와 모의 면접을 도와주었습니다. 저에게 보여준 자소서가 상당한 수준의 내용을 담고 있었다는 것에 저는 놀랐습니다. 거의 고칠 것이 없을 정도였습니다. 대부분 자소서를 잘 쓰는 학생은 면접도 잘 보는 경우가 많습니다. 예상대로 스타트업에 단번에 붙었습니다. 그 회사는 건물에 예술품을 설치할 때, 그것을 연결하는 일을 하는 곳이었습니다.

처음 만났을 때 그는 데이터마케팅 공부를 한 후에 취업하고 싶어 했습니다. 저는 그 당시 먼저 회사에 들어간 후에 공부하라고 조언해 주었습니다. 입사한 지 1년도 되지 않아서 다른 회사로 이직 준비할 때 다시 만났습니다. 대표가 경영관리에 관련된 일로 뽑았는데 총무와 허드렛일만 시켜서 다른 스타트업으로 이직을 준비하는 중이었습니다. 저의 조언은 이직하더라도 우선 갈 회사가 정해지면 그때 옮기라는 정도의 이야기를 했습니다.

그 후 '요기요' 자회사로 다시 취업하게 되었지만, 본인이 일하던 사업부가 갑자기 폐쇄되는 바람에 졸지에 실업자가 되었습니다. 한 2년 정도 다닌 것으로 보입니다. 본인 잘못으로 회사를 떠난 것은 아니지만, 정신적 충격이 매우 컸던 모양입니다. 너무 의기소침해하고 있어서 "실업급여를 받으면서 천천히 새로운 진로를 고민하자."라고 위로해 주었던 것 같습니다.

다행히 전 직장의 선배 추천으로 등산 관련 의류와 장비를 만드는 중견기업으로 이직에 성공하였습니다. 월급도 상당히 높여가서 저는 매우 기뻐했습니다. 최소 3년 정도 근무해야 경력에 도움이 되니 앞으로는 신중하게 처신하라고 묵직한 조언을 하였습니다.

이곳에서 본격적으로 다양한 프로그램 공부를 하기 시작하였습니다. IT 직원이 하던 일을 스스로 SQL를 활용한 데이터 분석 기법을 공부해서, 자기 일을 처리하기 시작했습니다. 이것이 전문적인 분야로 가기 위한 경험을 쌓는 시발점이 되었습니다.

상담 문제 발생

이 친구가 다시 찾아온 것은 그 회사 창업주의 총애를 받는 팀장과의 갈등 때문이었습니다. 입사한 지 1년이 안 된 시점이었습니다. 이 젊은이는 사회 진출한 지 4년 만에 다시 이직을 고민하고 있습니다. 상사가 자기 일을 무시하고, 폭언을 서슴지 않았으며, 그것도 공개적으로 표현한다는 것이었습니다.

그동안의 이직 원인을 분석해 보면 세 가지 정도이지만 그중 문제다운 문제는 바로 3번째인 상사와의 갈등입니다.

(1) 첫 직장은 자기가 원하는 일이 아니어서 자연스러운 이직
(2) 사업부의 폐쇄로 졸지에 실업자가 됨
(3) 상사와의 충돌(그것도 창업주의 총애를 받는 팀장과의 갈등)

저는 이 주니어 친구에게 몇 가지 질문을 했습니다.

"그 팀장은 너의 일에 항상 화를 내고 깎아내리냐?"

"그렇지는 않아요. 제가 프로그램을 스스로 배워서 전산부 직원이 하던 고객 분석을 했을 때는 매우 좋아하셨어요. 어떤 경우에는 저와 화해하기 위해서 친절하게 대해준 적도 있었습니다. 제가 그때 더 성의 있게 반응했으면 하는 아쉬움도 있어요."라고 말했습니다.

부부싸움도 한쪽의 일방적인 과실은 없습니다. 양쪽의 이야기를 들어보면, 이해 가는 측면도 있는 것입니다. 상사와 부하의 갈등도 이와 마찬가지입니다. 저는 양비론적 관점에서 솔루션을 이야기하지 않았습니다. "만약 이 회사를 계속 다니더라도 아니면 다른 회사를 가더라도, 상사와는 좋은 관계로 헤어져야 한다."라는 입장에서 설명하였습니다.

"네가 이 회사에서 상사와 계속 갈등을 보이면 승진이나 타 부서의 근무도 어렵게 될 것이다. 이 회사가 싫어서 다른 회사로 이직하더라도 만약 평판 조사라도 한다면 현재 상사가 좋게 이야기하지 않을 것이기 때문에 너에게 무조건 마이너스다."라고 설명하였습니다.

좋든 싫든 회사는 일만 하는 곳이 아닙니다. 인간관계도 매우 중요한 곳입니다. 특히 고가권을 가진 상사와 감정적 갈등은 부하에게는 치명적일 수 있습니다. 그 친구에게 새로운 곳으로 이직을 위해서라도 현재 상사와 갈등을 해결해야 한다는 점을 강조하였습니다.

뒷이야기

그 친구는 현재 IT 직원 구직을 도와주는 플랫폼 회사로 이직했습니다. 이렇게 이직할 수 있었던 것은 마케팅데이터 분석 공부를 해서, 현업에 적용한 경험 때문입니다. 현재 급여보다 15% 정도 많은 조건이라고 합니다. 근무도 재택이라고 합니다.

이직이 결정될 때 자기 상사와 잘 이야기하고 퇴직했다는 이야기도 들었습니다. 그렇습니다. 그것이 무조건 현명한 처신입니다.

저자 생각

보통 평균 3~4번 정도 회사를 이직하는 경향이 우리나라에도 현재 일어나고 있습니다. 이를 위해서라도 상사하고 친하게 지내야 합니다. 주니어 친구들은 이 부분이 제일 약합니다.

이 청년은 자기가 더 배우고 싶어서 마케팅데이터 분석을 많이 하는 직장으로 옮겨, 더 많은 경험을 쌓을 것입니다. 전문가의 길을 걷기 시작한 것입니다. 우리는 직장에 가서 이런저런 일을 경험하게 됩니다. 그러다가 꽂히는 일을 발견하면 전문가의 길을 가게 됩니다.

저는 이 친구를 볼 때마다 더 나은 공부나 지식을 얻기 위해 이직하는 사례로서 가장 적합하다는 생각이 듭니다. 옮긴 직장에서 SQL을 활용한 다양한 마케팅데이터 분석을 진행할 것이고, 이런 경험이 차곡차곡 쌓이면 그 분야의 대체 불가한 직원이 될 것입니다. 아니면 유사한 분야 공부를 더 해서, 고도의 데이터 분석 전문가로 상승할 수도 있습니다.

전문가 되기 위한 노력은 도전의 삶이고, 이직의 삶이기도 합니다. 계속 노력하여 자기만의 전문 분야를 찾으십시오.

여기 그분의 경력 포트폴리오 일부를 공개합니다. 매우 디테일하게 작성되었습니다. 교과서적으로, 체계적으로, 잘 정리되었으므로 참고가 될 것입니다.

<사례 3-3> 경력 기술서, 자기소개서, 성과 포트폴리오 작성(예시)

자기소개	- 안녕하세요. 저는 3년 차 ***입니다. - O2O 플랫폼에서 온/오프 서비스를 운영하며 경험을 쌓아 왔습니다. - 유저 데이터 추출 및 VOC 기반으로 고객 경험을 개선하였습니다. - 브랜드 경험 전달 위해서 고객 접점, 운영시스템을 고도화합니다.
경력 기술서	1. C사 주임 2년 (2019.11 ~) 　- 주요업무 　　* 등산 인증 앱, 서비스 운영 기획 　　* 아웃도어 교육센터 운영지원 2. B사 팀원 1년 (2018.06 ~ 2019.05) 　- 주요업무 　　* 취미, 여가 클래스 상품 운영 기획 　　* 공간사업 운영 기획 3. A사 팀원 9개월 (2017.09 ~ 2018.05) 　- 주요업무 　　* B2B 미술 프로젝트 운영
자기 소개서 - 지원 동기 - 본인 장점	- IT서비스를 운영하면서 고객 경험을 개선하기 위해서 주어진 상황에서 최선의 방법을 고민하고, 해결 방안을 찾기 위해 노력하였습니다. 때때로 기술적, 인력적인 한계점을 만나게 되고, 해결 방법을 찾기 위해 문제의 본질에 접근하게 되었습니다. 이 과정을 통해 IT서비스의 핵심은 개발 자원과 기술력이라는 것을 체감하게 되었습니다.

자기 소개서 - 지원 동기 - 본인 장점	- 제게 주어진 R&R 내에서 고객 경험을 설계하기 위한 역량을 강화하기 위해 데이터 공부를 시작하게 되었습니다. 온라인 강의로 SQL를 공부를 하고 있었지만, 현업과의 접점이 생기지 않았습니다. 고민하던 중 SQL 코딩 테스트를 통해 '프로그래머스'를 발견하게 되었습니다. 코딩 테스트 활용하여 얻은 이해도를 바탕으로 현업에 데이터 활용을 적용하게 되었습니다. 이를 통해 당사가 개발 자원의 수요와 공급, 그리고 소통의 장을 만들어 가고 있다는 사실을 알게 되었습니다. - 저는 더 나은 세상을 만들기 위해 사람들의 경험을 연결해 주고, 이를 통해 사람을 돕기 원합니다. 동사가 구축하고 있는 온라인 스퀘어는 성장이 필요한 사람이라면 누구든지 배움을 얻고 성장에 대한 꿈과 열정을 공유할 수 있습니다. 그 여정에 기여하고 싶은 마음에 지원하게 되었습니다. - IT 서비스를 운영하면서 VOC와 유저 데이터 기반으로 Pain Point를 분석하고, 서비스 개선안을 도출하여 주요 평가지표를 개선하였습니다. 이를 통해 데이터의 기반으로 사용자 경험을 설계하는 것의 필요성을 느끼고 고객 만족을 위한 서비스 개선에 대해 꾸준히 연구하고 고민해 왔습니다. - 저의 큰 장점은 도움과 안내입니다. 누군가의 필요를 느끼게 되면 주도적으로 문제를 정의하고, 해결 방안을 모색하며, 더 나아가 쉽고 편리하게 정보를 전달할 수 있도록 체계화하는 것입니다. 고객 접점에서부터 운영시스템까지, 고객 감동과 브랜드의 가치를 전달하기 위해 노력하고 있습니다.
성과 포트폴리오 *C사 기준	1. 알림함 UX 개선 2. 챗봇 시나리오 설계 3. 아웃도어 교육 상품 기획

<성과 포트폴리오>

1. 알림함 UX 개선(기여도 100%)

　(1) 배경 : 앱 개편 및 이벤트로 신규 업데이트 증가
　　- 다수 회원 유입 이후 대규모 앱 개편이 진행하였고, 신규 업데이트가 주기적으로 배포 되었습니다.

　(2) 문제의 정의 : 업데이트 후 반복되는 문의 수 증가(총 문제 중 13%)
　　- 신규 업데이트 때마다 관련 내용이 공지 사항을 통해 알림함으로 안내되지만, 다른 알림(좋아요, 댓글 등)으로 인해 확인하지 못해 동일한 문의가 반복적으로 접수되는 문제가 발생하였습니다.

(3) 해결 과정 : UX 개선 결과 측정 불가 → 로그 데이터 수집
- 기존 알림함은 분류 기준이 없어서 공지 사항을 쉽게 놓치게 되었습니다. 그래서 알림함의 유형을 분류하여 UI를 개선하고 이 중 공지사항을 볼 수 있도록 기획하였습니다. 수정 전후로 개선 여부를 파악하기 위해 정량적인 분석의 필요를 느낀 저는 공지사항 방문 로그를 수집할 수 있도록 세팅하였습니다. 도입 후 지표를 비교하여 개선 후 결과를 분석하였습니다.

(4) 성과 : 개선 후 공지사항 조회 수 1000% 증가/관련 문의 13% → 2.6%로 감소
- 미확인 알림을 붉은 점으로 표기하여 넛지로 활용하고, 알림함을 유형별로 분류하여 편리성을 높였습니다. 이로 인해 공지사항 조회 수가 크게 증가하고, 업데이트 후 관련 내용 문의가 대폭 감소하였습니다.

2. 챗봇 시나리오 설계(기여도 100%)

(1) 배경 : 회원 수 급증
- 앱 개편과 코로나19로 인해 1년 반 동안 12.5만 명의 신규가입자가 증가하였습니다. 이 수치는 8년간의 누적 가입 수(13.5만 명)와 비슷한 수준이었으며, 이로 인해 사업규모가 대폭 확장되었습니다.

(2) 문제의 정의 : 전체 상담 수 400% 증가(월 500건 → 월 2,000건)
- 서비스를 처음 이용하는 유저수가 증가하는 만큼 서비스 이용 방법에 대한 단순한 문의가 증가하였고, 이는 고객 특성상 50세 이상 비율이 높아 장기적으로 발생할 문제로 해석되었습니다. 결국, 팀 내 모든 인력이 고객 상담을 하게 되었고 이로 인해 업무가 마비되는 문제가 발생하였습니다.

(3) 해결 과정 : 기능 고도화를 위한 자원 한계 → 챗봇 솔루션 직접 구축
- 상담 중 불편 사항이나 단순 문의가 접수되는 부분은 기술적 보완작업이 필요했지만, 기존 개발 일정으로 인해 추가 개발 자원이 부족한 상황이었습니다. 문의 수는 지속적으로 상승하고 있어서 이를 해결하려는 방법을 모색하였습니다. 결국, 단순문의를 자동으로 응대할 수 있는 챗봇 솔루션을 연구하여, 시나리오를 설계하고 상담 절차에 도입하여 문제를 해결하게 되었습니다.

(4) 성과 : 챗봇 도입 후 전체 상담 수 62.2% 감소
- 문의 유입 수는 기존과 비슷한 수준이었지만, 단순 문의를 자동으로 응대하여 상담수가 큰 폭으로 감소하였습니다. 또한 일부 문의에만 24시간 응대할 수 있도록 개선되었습니다.

3. 아웃도어 교육 상품 기획(기여도 50%)

(1) 배경 및 문제 정의 : 2030 신규 가입 증가 및 교육센터 활성화 필요
- 교육센터 개관 이후 활성화 필요가 있는 시점에 2030을 타깃으로 하는 콘텐츠가 부족한 상황이었습니다. (동기간 대비 2030 가입 수는 210% 증가)

(2) 해결 과정 : 교육 아카데미 클래스를 기획하여 교육센터 활성화
- 2030 유저를 대상으로 즐기면서 배울 수 있는 커뮤니티형 프로그램을 기획하였습니다. 상품 페이지 제작부터 모객 및 현장 지원까지 모든 과정을 담당하였습니다. 강사와 함께 클래스를 운영하였고 추가 클래스로 확장하여 지속적인 매출이 꾸준하게 성장하였습니다.
(3) 성과 : 교육센터 액티비티 정규 상품 운영으로, 월 470만원 매출 발생

(3) 회계사가 대기업으로 이직한 이유

등장인물

제 아들의 멘토이자 제 지인의 아들이어서 오래전부터 아는 사이입니다. 제 아들도 회계를 전공하여서 공부 방법이나 진로에 대해 고민이 생길 때마다 제게 상담 받곤 하였습니다. 이분은 9년 전 회계사 합격 이후 진로에 대해 고민할 때, 제 친구 회계사를 소개해 준 적이 있습니다.

대형 회계법인을 다니다가, 작년에 대기업 M&A(인수합병)하는 부서로 이직했다는 소식을 들었습니다. 한국 회계법인 중 1등 기업에서 7년이나 일했습니다. 감사업무는 1년, M&A 등 조언 업무를 6년을 했습니다. 저는 궁금했습니다. 왜 대기업으로 이직했을까?

궁금한 질문들

"오랜만이야!"

"안녕하세요?"

"어떻게 지냈니?"

"잘 지내고 있습니다." (저는 바로 본격적인 질문을 하였습니다.)

"왜 대기업으로 옮겼어?"

"7년 정도 회계법인에서 M&A 자문 업무를 했는데, 실제 직접 M&A 시행하는 부서에서 어떤 결정을 하는지 궁금했어요. 직장 생활에서 이직하는 해가 우스갯소리로 3, 5, 7년이잖아요. 7년에 걸린 거죠. 하하하"

"무슨 일을 하니?"

"처음에는 계약서 검토와 가치평가를 주로 했어요. 지금은 M&A 전략을 짜는 일을 합니다. 여기 온 지 1년 6개월밖에 안 되었는데, 벌써 두 군데 회사에서 오퍼를 받았어요. 한 곳은 벤처투자 업무고, 또 한 군데는 옛날에 했던 회계법인 업무로 돌아가는 거예요."

"아저씨 생각은 어떠세요?" (저는 심각한 의견조회라기보다는 가벼운 질문으로 생각했습니다.)

"확 꽂히는 곳이 없으면 손을 빼지."

"손을 뺀다는 의미는 뭐예요?"

"바둑 용어인데 마땅히 둘 수가 없으면, 다른 곳에 두는 전략을 말하지. 한마디로 결정 보류지. 내 생각은 그냥 현재 일을 열심히 하다 보면, 또 기회가 생길 거야. 지금 일이 나쁘지 않으면, 현재 일에 집중하는 것도 전략이지. 회계사 자격증을 가진 전문가들은 다양한 분야를 선택할 기회가 많네."
"그렇네요."

"회계법인에 근무한 선배들은 은퇴 후에 무엇을 하니?"
"잘 나가는 경우 40~50대 파트너가 되고, 그 이후에는 주로 사외이사를 하는 것 같아요. 파트너가 안 되는 경우 고문으로서 역할을 하면서, 정년 이후에도 일합니다."
"그렇구나."

저자 생각

저도 경영학을 전공하여 친구 회계사들의 진로를 많이 접했습니다. 일찍 개업해서 자기 사업을 하는 친구도 있습니다. 정통 회계사로 크는 사례도 있지만, M&A(인수합병) 업무로 간 친구들은 실제 회사를 운영하는 사업가로 변신하기도 합니다. 또는 아주 드문 사례지만, 제 친구는 벤처회사의 투자업무로 진로를 정했습니다. 현재 스타트업 대표를 하면서 자기 사업을 합니다. 정년이 없는 삶을 살고 있는 것입니다.

요즈음 젊은 회계사들은 사모펀드 투자회사에도 많이 들어갑니다.

MBK파트너스, 한앤컴퍼니, IMM 인베스트먼트, 스틱인베스트먼트 같은 회사들입니다. 거기서도 M&A(인수합병) 업무를 배울 수 있습니다. 이분도 현재 대기업에서 실제로 회사를 M&A하는 실무를 배우고 있습니다. 앞으로 어떤 방향으로 갈지 모르지만, 전문가가 되기 위한 다양한 경험을 할 것으로 보입니다.

언젠가 자기 사업을 하는 회사 대표가 될지, 다시 회계법인으로 돌아가 파트너로 성장할지 저도 모르겠습니다. 한 가지 확실한 것은, 새로운 경험을 계속할 것이라는 사실은 변함이 없습니다.

뒷이야기

아직 미혼이라 결혼과 관련된 가벼운 대화를 나누었습니다. 역시 집 문제보다 자녀를 가지는 문제에 관해 더 많이 이야기를 나누었습니다. 이분의 선배가 딩크족으로 4년 살다가 이혼한 이야기를 들었습니다. "역시 자녀를 낳은 것이, 오히려 결혼을 유지하는 역할을 하는 걸까?"라는 의문이 들었습니다. 이혼 사유를 정확히 모르는 상황에서 앞질러 결론을 내리는 것도, 문제입니다.

2030 세대의 결혼과 육아 문제는 정답이 없습니다. 저보다 4살 아래인 어떤 후배는 30년간 아이 없이 잘살고 있습니다. 결혼과 육아 문제는 국가 존립의 문제이기도 하고, 개인의 삶에 가장 중요하고 어려운 의사결정임이 틀림없습니다.

(4) 벤처회사 '투자심사역'의 이직 탐방기

등장인물

스타트업은 VC(벤처캐피탈)를 통해 자금을 유치하며 사업을 합니다. 최근에 도와주고 있는 바이오 회사가 투자가 필요하다고 하여 투자심사역 세 분을 보시고 투자 IR을 열게 되었습니다.

세 분의 심사역이 오기로 했는데, 조금 일찍 온 관계로 그분과 잠시 담소를 나누게 되었습니다. 그러다 심사역이 되기까지의 이야기가 흥미로워져 투자 회의 끝난 후 다시 만나게 되었습니다.

궁금한 질문들

"현재 직장생활 몇 년 차세요?"

"8년 차입니다."

"현재 회사에 오기까지 어디에서 근무하셨나요?"

"현 직장이 세 번째 회사이고, 전 직장은 H 약품과 L 화학입니다. 각각 약 3년 정도 근무했고, 심사역으로는 2년 정도 근무하였습니다."

"거기서는 어떤 일을 하셨어요?"

"국내외 약들에 대한 라이선싱 관련 업무를 했습니다. 보통 우리를 PD라고 부릅니다. 'Product Development'의 약자입니다."

"어떻게 심사역으로 지원하게 되셨나요?"

"전 직장에 있으면서 처음으로 접하게 되었습니다. 그리고 과거에 투자심사역과 2달 정도 일 한 적이 있었습니다. 그 때 참 인상 깊었던 일들이 많았습니다. 아마도 그때의 영향을 많이 받은 것 같습니다."

저자 생각

30대 초반의 이분은 벌써 3번째 직장에 근무하면서 자신의 원하는 일을 찾았습니다. 처음부터 자기가 원하고 적성에 맞는 직장을 찾은 분들은 행복한 것입니다.

투자심사역은 매우 독립적으로 일하는 전문가들입니다. 자기가 투자할 회사도 찾아야 하고, 리포트도 써야 하며, 투자 여부를 결정해야 합니다. 자기가 속한 분야에 대한 산업 전망과 기술 동향에 관해서도 끊임없이 공부해야 합니다.

평범한 직장인의 업무와는 완전히 다릅니다. 1인 창업자들과 유사한 일을 한다고 보는 것이 더 맞을 것 같습니다. 스스로 기획하고 투자 여부를 고민하여 회사의 경영자들에게 조언해야 합니다. 그러한 투자 조언 결과에 따라 심사역의 성과가 결정됩니다.

저는 젊은 2030 세대에게 외부의 도움 없이 외롭게 일하는 전문가들이 되어야 한다고 늘 조언합니다. 남 밑에서 일하는 것도 중요합니다. 그런데 60세가 넘으면 아무도 고용을 하는 사람이 없습니다.

스스로 일을 찾아야 합니다. 젊을 때부터 독립적으로 일했던 전문가들은 60세 이후 새로운 30년을 다시 일하면서 보낼 확률이 높습니다. 저는 마지막으로 투자심사역 선배들은 나이가 들면 무엇을 하는지 궁금했습니다.

"보통 나이가 들어도 계속 심사역을 하는 분도 있고, 경영층으로 전환해서 회사를 운영하는 분도 계십니다. 보통 투자해서 회수되는 기간이 길어서, 장기간 근무하는 분들도 많습니다."

이런 분들은 은퇴하더라도 유망한 스타트업에 투자도 해주고, 투자회사의 주주로서 여러 가지 일을 도와주는 일을 하면서 노후를 보냅니다. 젊은 시절의 노하우를 공유하는 것입니다.

이런 전문가들이 되십시오. 평생 현역으로 일할 수 있습니다.

(5) '법학전문대학원'에서 공부하는 청년과의 만남

등장인물

법전원(법학전문대학원의 약칭) 졸업을 앞둔 청년입니다. 장학금 지원자로서 알게 되었습니다. 대학과 대학원까지 약 7년간 면접할 때마다 만났습니다. 법전원 준비를 2년 동안 하고 들어갔습니다. 마음고생은 좀 했습니다.

학부는 법학을 전공하였고, 나름 꿈과 사명이 있어 변호사가 되려고 하는, 매우 성실하고 똘똘한 청년입니다.

궁금한 질문

2023년 법학적성시험(LEET, Legal Education Eligibility Test) 최종 지원자가 1만 4,620명으로 전년 대비 4.8%(665명) 증가했습니다. 이 수치는 역대 최대 기록을 경신한 것이며, 특히 2030 세대 5급 사무관과 대기업 직원들도 LEET 응시행렬에 동참하면서 로스쿨의 인기가 이어지고 있습니다.

저는 궁금했습니다. "왜 이렇게 인기가 있을까?"

저는 법전원에 다니는 졸업을 앞둔 청년에게 물었습니다.

"꿈과 사명을 가지고 들어오긴 하지만, 직업의 안전성과 사회적 인정이 가장 큰 이유가 아닐까요? 판검사나 변호사가 되면, 전문가로 사회에서 공인해 주니까요. 또는 실제 '사내 변호사'(대기업 또는 공기업에 취업하는 변호사를 의미)로 가는 분들은 '워라밸'이 가능하기 때문일 거예요. 물론 직업이 주는 안정성도 고려한 것이겠죠."

요즈음 2030 세대들에게는 어떤 한 분야의 전문가가 되려는 욕구도 많은 것 같습니다. 그 누구와도 대체할 수 없는 사람이 되려면 법적인 전문지식과 경험이 필요하다고 생각하는 모양입니다. 이 청년도 이 말에 공감하면서 졸업 후에 자격 취득 문제로 스트레스 받는다고 합니다. 5년 안에 못 따면 다 무효가 된다고 합니다. 25개 법전원마다 차이는 있지만, 합격률은 보통 최저 30%대에서 최고 80%대까지 분포하고 있습니다.

두 번째 궁금했던 것은 "어떻게 해야 들어가는 걸까?" 하는 선발 기준에 관한 것이었습니다.

"선발기준은 법학적성시험(LEET, Legal Education Eligibility Test), 학점, 스펙(자기소개) 등입니다. 제일 중요한 것은 LEET 시험입니다. 언어 이해와 추리 논증, 논술로 이루어져 있습니다. 추리 논증과 논술은 우리가 생각한 대로 문제가 출제됩니다. 언어 이해는 수능의 비문학 문제와 유사한데, 좀 더 어렵다고 이해하면 됩니다."

마지막 궁금한 것은 법전원 졸업하면 어떤 진로에 가는지가 궁금했습니다.

"일차적으로 판검사와 변호사로 구분됩니다. 변호사는 대개 로펌으로 가지만, 아까 이야기한 것처럼 사내 변호사로 가는 사례도 있습니다. 혹은 공무원이나 경찰직으로 진출하여, 6급 또는 5급 별정직으로 가는 경우도 있습니다."

저자 생각

변호사라는 법 전문가가 되기 위해서는 필요한 시간이 있습니다. 소위 축적의 시간입니다. 법전원에서 3년 공부하고, 현장 실무를 익히는데 최소한 4~5년이 걸립니다. 거기다가 특정 분야의 전문가 되려면, 추가로 4~5년이 또 필요합니다.

결국 변호사 자격증을 취득한 후에도 약 10년의 축적의 시간이 필요합니다. 전문가는 금방 이룰 수 있는 개념이 아닙니다. 다양한 경험과 지식이 축적되어야 전문가로서 힘을 발휘하게 됩니다. 그전까지 오랜 공부와 수련이 필요합니다.

제가 다녔던 증권회사에서 만난 변호사도 비슷했습니다. 증권 실무와 법을 이해하려면 다양한 현장 업무를 이해하는 게 전제되어야 합니다. 우리도 다른 부서로 발령받으면 그 부서 업무를 이해하는 데 최소한 5~6개월은 걸립니다.

하물며 변호사가 증권회사의 모든 업무를 이해하는 데는 몇 년은 걸린다고 보아야 합니다. 처음 들어온 변호사는 담당 현장 업무를 알아야 법적인 조언을 할 수 있습니다. 우리는 보통 이것을 현장에서 실무를 익힌다고 합니다. 아마도 법적인 의사결정을 하려면 해당 업무를 알고 깨닫는 시간이 작게는 5년, 길게는 10년이 필요합니다.

명심하십시오. 약 10년 이상의 시간과 경험이 축적되어야 우리는 '전문가'라고 불릴 수 있습니다. 평생 과업으로 생각하고 접근해야 합니다.

법전원 학비는 사립의 경우 한 학기에 800~900만 원이지만, 지방 국립대 법전원은 500만 원 수준입니다. 가족의 도움 없이 혼자 공부한다고 한다면 학비만 1천만 원~ 2천만 원이 듭니다. 생활비까지 고려하면, 일 년에 3~4천만 원의 비용이 소요됩니다. 졸업까지 3년이 걸리므로, 1억 이상의 자금이 드는 셈입니다.

경제적인 상황이 좋은 않은 청년들의 경우는 쉽지 않은 선택과 결정입니다. 경제적 불평등 문제는 역시 풀기 어려운 숙제인 것 같습니다.

결국 전문가 되기 위해서는 축적의 시간도 필요하고, 일정한 자금도 필요합니다. 물론 입학이 전제되어야 합니다. 보통 경쟁률이 5:1 이상 되기 때문에, 들어가기도 만만치 않습니다. 모든 것이 쉽지 않은 것은 현실입니다.

(6) 경제학도에서 의사로 전환한 어떤 청년의 인생 역전기

등장인물

제 아내 친구의 아들입니다. 쌍둥이 동생입니다. 진로에서 중요한 것은, 아니다 싶으면 빨리 방향을 선회하는 것입니다. SKY 경제과를 졸업하고, 아이비리그인 컬럼비아 대학 경제과 박사과정에 유학하던 중, 돌연 귀국하여 의학전문대학원에 들어갔습니다.

인생에서 알면서도 방향을 선회하지 못하는 경우를 많이 봅니다. 저는 이 친구가 너무 멋있게 보였습니다. 정확히 30세에 진로를 바꿔, 32세에 의학전문대학원에 입학하였습니다. 공부는 약 1년 동안 준비하였습니다. 나이와 상관없습니다. 그것이 용기입니다.

벌써 의전원 생활의 반이 지났다고 합니다. 제가 궁금한 것이 많아서, 만나기를 요청했습니다.

> 궁금한 질문들

경제학을 공부하다가 완전히 다른 분야인 의사로 진로를 바꾼 이유가 제일 궁금했습니다.

"저는 유학 중에 공부 목적에 혼란이 왔습니다. 진로 정체성으로 고민했습니다. 이 길은 저에게 있어서 행복하지 않았습니다. 그래서 뒤돌아보지 않고 귀국하게 되었습니다."

"지금 막상 들어와서 공부해 보니 후회는 없나요?"
"아니요. 전혀 없어요. 오히려 늦은 나이의 도전이다 보니 더 열심히 하게 되던데요."

"입학시험 공부가 궁금합니다. 생물, 화학 등 이과 과목인데 어떻게 하셨나요?"
"고등학교 때 저는 외고를 다녔습니다. 그 해만 교장 선생님이 이과를 가지 못하도록 했습니다. 사실 가고 싶었으나 꿈을 못 이루었습니다. 온라인으로 의전원 입시 과목을 공부했습니다. 물론 고생은 많이 했습니다."

"늦은 나이에 의전을 졸업하게 되었군요. 장래 계획을 말씀해 주세요."

"아직 전공은 정하진 않았지만, 공공정책을 제안하는 의사가 되고 싶습니다. 제가 경제학 공부할 때 의료정책과 관련된 분야를 공부했습니다. 아마도 이런 경력의 의사는 절대 없을 겁니다. 현재 의사분들은 환자와 1:1 관계에 치중하는 면이 많아요. 제가 한 번 도전해 보려고 합니다."

"진로로 고민하는 후배들에게 한마디 해 주실 수 있겠습니까?"
"저는 그 당시 지금 안 하면 안 될 것 같은 마음의 소리를 따랐습니다. 후회가 없습니다. 저는 후배들을 위해서 약간의 수고비만 받고 100명의 의전원 지원자들을 도와주었습니다. 이것이 후배들을 위한 보답이라고 생각합니다."

저자 생각

이제 우리의 노동시장은 30년씩 두 번 사이클을 돌아야 합니다. 60년을 노동해야 한다면 중간의 진로 변경은 아무것도 아닙니다. 전문가 되는 방향이라면, 저는 언제나 환영해야 할 일이라고 생각합니다.

저도 30년 증권회사에서 근무했지만, 은퇴 후에는 상장회사 감사 하면서 대학 강사가 되었습니다. 프리랜서로서 취업과 창업 컨설턴

트가 되었습니다. 사단법인을 창업하여 비영리사업의 대표가 되기도 하였습니다.

첫 사회 진출 30년 동안의 일과 은퇴 후 30년의 일이 다릅니다.

저는 이 젊은 친구와 인터뷰 내내 씩씩하고 반듯한 자기표현 방식이 좋았습니다. 누구나 인생의 풍파와 어려움을 만납니다. 과감하게 자기가 원했던 방향으로 도전해야 합니다. 저는 그런 그의 삶에 경의를 표했습니다.

머뭇거리지 말아야 합니다. 잘못된 선택이라는 생각이 들 때 바로 바꾸면 됩니다. 그것이 용기입니다. 100세까지 산다고 생각하면, 몇 년 돌아가는 것은 아무것도 아닙니다. 장기적인 시각이 필요합니다.

2030 세대 여러분.

인생에서 일이 잘 안 풀릴 때가 있습니다. 그때가 자신을 돌아볼 때입니다. 진로가 맞는지 해보면 압니다. 마음의 소리에 귀 기울이세요. 들리는 대로 실행하면 됩니다. 그것을 저는 '도장 깨기'라고 부릅니다. 실천해 보세요.

(7) '목수'의 삶을 선택한 청년과의 인터뷰

등장인물

이분의 학창시절 제가 임원으로 있을 때, 밥 한번 거하게 산 적이 있었습니다. 그 후로 가끔 안부를 전하기도 하고, 장학금 추천 건으로 만나기도 하였습니다. 지방에서 학교에 다녔고, 군대를 다녀온 후 꼬박 2년 동안 다양한 자격증 공부를 해서 사회에 진출하였습니다.

그동안 회계 사무소(1년), 레저스포츠 회사(1년), 손해사정 회사(3년) 등에서 근무하였습니다. 사회생활은 총 5년 차입니다.

궁금한 질문들

제가 궁금해 했던 첫 번째 질문은 목수라는 낯선 진로의 선택에 관한 것이었습니다.

"목수로 진로를 바꾼 특별한 이유가 있었니?"
"현재 다니고 있는 선배들을 보면, 비전이 없어 보였어요. 인테리어 목수를 하는 분이 친구의 아버님이에요. 회사에 다니면서 주말에 3개월 정도 보조로 현장을 살펴보았습니다. 그 목수 아버님이 저의 선택을 좋게 평가해 주셨어요. 그래서 용기를 내게 되었어요. 조만간 사표를 내고 한 쪽에 전념하려고 합니다."

나름 목수라는 진로 선택을 오랫동안 고민하였고, 실제 현장에 참여하면서 가능성을 타진하는 신중한 접근을 하였던 것입니다.

> **저자 생각**

　40대에 타일공이 된 친구가 있습니다. 그 친구는 좋은 사수를 만났습니다. 현장 일은 도제로 배우기 때문에 자기를 받아주는 사수 즉, 선생님을 잘 만나야 반은 성공한다고 합니다. 친구 아버님이 그런 역할을 해 준다고 하니, 너무 마음에 안심이 되었습니다. 자세하고 촘촘하게 자신의 목수 기술을 잘 가르쳐줄 것이라는 확신이 들었습니다.

　저는 젊은 친구들에게 몸으로 하는 기술 중 목수, 타일, 도배, 누수 전문가 등이 적성에 맞는다면 좋은 진로라고 늘 조언하고 있습니다. 왜냐고요? 이런 직업은 정년이 없기 때문입니다. 우리는 이제 100세 시대를 바라보고 있습니다. 저는 이런 분들도 '전문가'로 부릅니다. 젊었을 때 배워 놓으면, 몸이 허락할 때까지 오랫동안 일을 할 수 있습니다. 제 친구들은 정년 없이 편하게 시간도 보내고, 돈도 벌며, 좋은 노후를 보내고 있습니다.

　목수이신 아버님이 조언해 주기를 목수라는 직업은 생활이 불안정하다는 단점이 있다고 했답니다. 저는 이에 대해서 좋은 배우자를 만나서 보완하면 된다고 말했습니다.

　본인도 신체 단련 운동을 매일 매일 열심히 한다고 합니다. 모든 전문가가 되는 길은 한가하지 않습니다. 자기 노력도 필요하고, 프리랜서의 삶을 살려면 좋은 사람과의 만남도 중요합니다. 그 업계에서 다른 목수보다 더 실력을 갖추지 않으면 오랫동안 일할 수 없습니다.

　전 좋은 선택이라고 격려하고, 조언했습니다. 기뻤습니다. 남들과 다른 길에 도전하는 모습이 아름다웠습니다.

(8) '컴퓨터 프로그래머'가 되기 위한 다양한 시도들

등장인물

동네 친구 자녀들의 이야기입니다. 한 청년은 이번에 대학을 졸업하고 'S그룹'에서 하는 'SW아카데미'에 지원하여 1년간 컴퓨터 프로그래머 교육을 받게 되었다고 합니다. 또 다른 청년은 3년간 통신장비 AS 요원으로 근무하다가 퇴직하고, 컴퓨터 프로그래머가 되기 위해 공부를 시작했다고 합니다.

궁금한 질문들

요즈음 컴퓨터 프로그램 공부를 가르쳐 주는 학원이 없습니다. 유튜브로 혼자 공부하거나 국가에서 가르쳐 주는 취업 과정에 들어가서 공부해야 합니다. 기업에서 하는 프로그래머 교육은 면접으로만 뽑기 때문에 들어가기 힘듭니다.

"친구야. 네 딸은 그 어려운 S그룹의 교육 프로그램에 합격했다지. 비결은?"

"ㅎㅎㅎ 삼행시로 붙었어."

"뭔 말?"

"떨어질 것 같아서 준비해 간 삼행시를 발표했더니 합격시켜 주었어."

"헉!"

신기한 선발기준인 것 같습니다. 면접관이 그녀의 엉뚱한 행동이 마음에 들었던 모양입니다. 괴짜를 뽑나 봅니다.

또 다른 친구에게 물었습니다.

"네 아들은 왜 갑자기 프로그래머 공부를 하게 되었어?"

"지금 하는 일로 애가 고민을 많이 했어."

"왜?"

"장래가 불투명해서."

취업해서 일하다 보면 선배가 보입니다. 그들의 삶이 자신의 삶으로 투영됩니다. 그때부터 고민이 시작됩니다.

"나도 시간이 지나면 그 선배의 삶을 살 텐데." 하며 스스로 돌아보게 됩니다.

아버지인 제 친구가 아들에게 이렇게 이야기했다고 합니다.

"살아보니 인생은 길다. 지금이라도 늦지 않다. 하고 싶은 일을 해 보라!"

저자 생각

캐나다에 사는 제 친구의 아내가 프로그래머입니다. 미국에 이민 가서 배웠다고 합니다. 한국에서는 조소과를 다닌 경력이 전부였답니다. 미국에서도 30년 전에 프로그램을 가르쳐 주는 곳이 있었던 모양입니다. 현재는 정부 프로젝트를 주로 한다고 합니다. 한 프로젝트가 끝나면 잠시 2~3개월 쉬다가, 또 일하는 형태로 근무합니다. 지금 나이가 60인데도 일하고 있습니다.

저는 그런 의미에서 "컴퓨터 프로그래머는 전문직이며 오래 일할 수 있는 분야구나."라고 생각했습니다. 제 형님도 프로그래머 출신입니다. 저보다 나이가 한 살 많은데 L그룹 산하의 SI 업체에 다니셨고, 작년에 퇴직 후 3년 만에 재취업했습니다. 현직과 같은 조건으로 말입니다.

형님은 굉장히 자부심을 느끼고 있습니다. 60이 넘은 나이에 한국의 최고 대기업에 다시 들어가기 때문입니다. 지금은 프로그램을 직접 코딩하지는 않지만, 팀장 역할로 프로젝트에 이바지하는 것 같습니다. 이쪽 분야는 젊었을 때는 실무를 하지만, 상위직으로 올라가면 프로젝트를 운영하는 팀장이 됩니다. 이분들을 PM(Project Manager)라고 합니다.

아까 말한 캐나다에 사는 제 친구는 GM의 시니어 엔지니어로 근무하고 있습니다. 자동차 시험실에서 근무합니다. 한 30년 전에 자동차 시험에 필요한 프로그램 언어를 공부해서 현업에 적용하며 일하고 있습니다. 이것을 배운 덕분에 현재도 GM에서 건재하다고 합니다. 자기가 하는 업무를 인수인계하려면 최소 5년이 걸린다고 합니다. 그래서 자기는 정년이 없다고 합니다. 자기가 일하고 싶을 때까지 일하면 된다고 합니다. 참 멋진 일이 아닙니까!

제가 아는 지인은 젊었을 때 카드 결제 시스템을 구축하는 프로그래머였습니다. 40세 이후에 현직에서 떠났다고 합니다. 그런데 15년이 지난 최근에 다시 그 분야의 일을 하기 시작했습니다. 젊었을 때 일했던 분야가 다시 주목받아서 재취업이 된 것입니다. 저와 동갑인데 프리랜서로서의 삶을 다시 살기 시작했습니다. 부활한 느낌입니다. 활력이 넘치는 노년의 삶을 즐기고 있습니다.

이러한 사례들 모두 다 컴퓨터 프로그램을 배운 사람들의 세계에서 일어나고 있습니다. 저는 젊은 청년들의 이런 분야로의 도전을 칭찬합니다. 오래 일할 수 있는 전문 분야입니다.

진로 케이스 2 :
2030 세대의 해외 취업기

해외 취업기는 더 나은 삶을 위해 미국, 일본, UN 국제기구 등으로 시야를 넓힌 전문가들의 이야기입니다. 여기에 인용된 사례는 선진국으로 우리나라 2030 세대가 취업에 도전한 이야기를 담고 있습니다. 가슴 뛰는 이야기입니다.

한국을 넘어 전 세계를 향해 진출해야만 합니다. 어학연수뿐만 아니라, 교환학생 프로그램도 좋습니다. 코이카 봉사활동도 지구적 시각을 갖게 합니다. 여행도 좋고, 워킹홀리데이도 추천합니다. 워킹홀리데이는 일을 반드시 해야 한다는 단점도 있지만, 해외에 대한 인식을 분명 바꿔 줍니다.

<표 4-1> 해외 취업기

구분	주요 내용	비고
(1) 미국 취업기	애리조나주립대학교 경영학과 학생 이야기	
(2) 일본 취업기	글로벌 기상서비스 회사	만화로 어학 공부
(3) UN 취업기	UN 산하의 국제이주기구 취업	

(1) 미국 취업기 (애리조나주립대학 경영학과 학생이 쓴 이야기)

'어니스트영'은 경영학과에서 회계를 전공한 학생들에게는 꿈의 회사(Big4 중 하나)로 불립니다. 취업 과정을 그려보겠습니다.

2018년 취업 과정 기준입니다. 우선, 지원 부서를 선택해야 합니다. Tax, Assurance, Advisory, Transaction Advisory Services, Core Business Services. 5개입니다. 주로 대학생들에게는 Tax, Assurance, Advisory만 홍보하는 경우가 많습니다. 저는 Advisory로 지원하였습니다.

○ 1차 : 인터넷 지원

 - 서류 제출

   • 이력서(Resume)

   • 성적표(Transcript)

- 2차 : Video Recording Interview
  - 컴퓨터 앞에 앉아 프로그램에 들어가서 녹화를 시작합니다.
  - Behavioral Question 문제들이 나오는데 한 문제마다 30초씩 답변할 기회가 주어집니다. 녹화 답변이 마음에 안 들면 다시 답변할 세 번의 기회가 주어집니다.

- 3차 : 최종 인터뷰
  - 3번의 30분 인터뷰
    - 인터뷰는 지사에서 일하고 있는 직원들과 합니다.
  - Case Interview
    - 인터뷰 당일 케이스가 주어집니다.
    - 15분의 Note Taking 시간이 주어지고, 15분이 끝나면 케이스 내용을 회수해 갑니다.
    - 그리고 세 번의 30분 인터뷰 중 하나에서 케이스에 대한 질문들을 답변합니다.
    - 주로 케이스는 회사가 현재 겪고 있는 문제에 대해서 어떤 해결책을 제안할 것이냐는 것입니다.

사람들이 착각하는 것 중의 하나가 '어니스트영'은 완벽한 이력서를 기준으로 학생들을 뽑지 않는다는 것입니다. 이미 1차 인터넷 지원에서 이력서가 좋은 학생들만 남습니다. 3차가 될 때쯤에는 면접관들의 마인드는 "이 사람들이 회사에 잘 어울리고 내가 이 사람들과 회사에 있는 동안 하루에 8~10시간씩 볼 수 있겠는가"에 대한 기준으로 결정합니다. 결국에는 면접관들도 사람이기에 자기랑 성격이 비슷하고 잘 어울릴 수 있는 사람을 뽑습니다.

그래서 최대한 잘 웃고, 긍정적이어야 하며, 자신감이 있어 보이는 것이 가장 중요합니다. F-1 비자 학생들(외국인을 의미)의 경우 회사의 후원을 필요로 하기 때문에 면접 때 그 이야기를 먼저 꺼내기도 합니다. 그러나 후원 얘기를 먼저 시작해 버리면 면접관의 마인드에 학생의 이미지가 "비자, 후원 필요함"으로 만들어집니다. 먼저 후원 얘기를 꺼내지 마시고 물어보는 경우에만 알려주면 됩니다.

제가 생각하기에 '어니스트영'은 지원하는 학생들이 실제로 할 줄 아는 게 많지 않다고 생각하는 것 같습니다. 물론 회사에 관해서 공부해야 하고, 지원하는 부서가 뭘 하는지는 당연히 알아야 하지만 부서에 들어가서 하는 일은 지금 당장은 할 줄 몰라도 된다는 태도입니다. 컴퓨터 사이언스 학생들은 실제로 코딩이나 관련 프로그램을 알아야 하지만 회사에 들어가서 배우는 것이 중요하기 때문에, 회사가 앞서 요구하지는 않습니다.

3차 면접은 대부분이 behavioral 질문(역량 면접 질문)으로 진행됩니다. 면접관들은 개인적으로 친구가 되길 원합니다. 제가 면접을 보았을 때도 질문 대부분이 behavioral 질문들이었습니다. 팀 환경에서 어떻게 리더가 되었나?, 실수를 저질렀을 때 어떻게 극복했나?, 리더가 아니라 팔로우어가 되어 본 적이 있었나?" 등 이었습니다.

수많은 한국 학생들이 1차 서류는 통과해도 면접을 통과하지 못하는 것은 너무 면접 자체를 심각하게 생각하기 때문입니다. 물론 어느 정도 차려입어야 하고, 말조심도 해야 한다고 하지만 면접관은 친구가 되길 원하지, 심판자가 되길 원하지 않습니다. 만약 면접관이 심판자라고 생각하는 순간 편해지지 못하고 말을 더듬으며 자신감이 없어지고 눈도 못 마주칩니다. 인터뷰를 가장 잘하기 위해선 나 자신이 되어야 합니다. 내가 보여야 면접관도 나를 기억합니다.

저는 면접을 지원할 때 일부러 behavioral 문제를 안 외우고 갔습니다. 외울수록 기계적으로 되고 모범답안과 비슷해지는 걸 깨달았습니다. 외우는 방법은 학교 시험에서는 좋지만, 결코 면접에서는 좋다고 할 수 없습니다. 로봇 같은 느낌으로 전해지기 때문입니다. 대화한다고 생각하고 면접관을 편하게 대하는 것이 중요합니다. 그 사람들도 3~5년 전에는 나와 같은 학생이었습니다.

마지막으로 1차에서 합격하기 위한 취업 준비 요령을 간단하게 적어보겠습니다.

이력서 준비

- 대기업에 지원하려면 GPA 3.5 이상은 가지고 있는 것이 중요합니다.
- GPA뿐만 아니라 학교 내에서 클럽활동 경험이 있으면 좋습니다. 임원직을 해야 도움이 되지, 회원으로 참여한 것이라면 이력서에 아예

안 쓰는 것이 낫습니다.
- 학교 내에서 아르바이트하면서 경력을 쌓으세요. 청소 아르바이트, 학교 식당 아르바이트 다 좋습니다.

인턴십 준비
- 대부분 대기업은 인턴을 훈련하고 Full time 직장을 줍니다.
- 인턴은 대학교 학부 3학년 1학기에 지원해서, 3학년~4학년 사이 여름에 인턴십을 하고, 졸업 후 일을 시작합니다. '어니스트영'은 인턴~정규직 전환율이 95%입니다. 대부분 정규직은 인턴부터 시작한다고 봐도 좋습니다.

(2) 일본 취업기 : 글로벌 기상 서비스 회사

등장인물

이번에는 일본으로 취업하게 된 2030 세대 친구 이야기를 해 볼까 합니다. 아내 친구의 자녀입니다. 저와는 자소서 쓰기와 모의 면접 등을 도와주었던 관계로 누구보다도 많은 만남이 있었습니다. 그 친구는 SKY 출신이며, 고등학교는 과학고를 졸업하였습니다. 한마디로 1등 인재감입니다.

그러나 취업이 잘 안되어서 마음고생을 나름 많이 한 친구입니다.

그 친구가 일본에 본사를 둔 글로벌 기상 서비스 회사에 취업하여, 내달에 들어간다고 하여 한번 만나게 되었습니다.

취업 동기

어떻게 일본 회사를 들어가게 됐는지 그것이 제일 궁금했습니다.

취업사이트를 검색하다가 우연히 알게 돼서 지원하게 되었다고 합니다. 여러 번의 면접을 거쳐 최종 합격하게 되었습니다. 일본어는 따로 공부한 적이 있느냐고 다시 물었습니다.

"아니요. 초등학교 때 일본 만화를 좋아해서 그것을 보다가 알게 되었어요. 중·고등학교 때 일본어를 배우려 하였으나, 부모님이 중국어를 선호해서 배울 기회를 놓쳤어요. 그러나, 중국어 공부하면서 한자를 많이 익힌 덕분에 일본어는 독학으로 공부할 수 있었어요."

현재 취업해서 일본인 상사와 전화로 대화하는 데 큰 어려움이 없다고 합니다.

저자 생각

해외 취업은 기본적으로 언어가 뒷받침이 안 되면 시도할 수가 없습니다. 취업한 분들의 이야기를 들어보면 다 어린 시절 혹은 젊은 시절에 언어를 자연스럽게 배울 기회를 얻은 분들입니다. 인위적으로 시간을 들여 공부한 사람들이 아닙니다.

저의 아들도 학창 시절에 미국 드라마 번역하다가 미국에 취업하였고, 카투사로 군대 갔던 제 친구는 그 경력을 살려 현재 캐나다 대기업에 취업하였습니다.

제 친구 딸도 미국에 유학 가서 졸업 후 현지 한국인과 결혼하게 되었고, 자연스럽게 그곳에 취업하였습니다. 제 사촌은 미국 MS에 다니는데 미국 현지법인에 파견 갔다가 한국인 2세와 사랑에 빠져서 정착했습니다. 또 다른 경우는 미국 최고 대학인 스탠퍼드에서 박사 학위를 받고, 현지 회사에 특채되어서 취업한 예도 보았습니다. 지금은 애플에서 일하고 있습니다.

제가 다녔던 대우증권에서 인도네시아 현지 회사를 M&A를 한 적이 있었습니다. 대주주가 한국인이었습니다. 그분은 IMF 때 동서증권 국제업무를 하다가 회사가 파산하여 어쩔 수 없이 실업자가 되었습니다. 그 후 인도네시아 사람과 결혼하여 온라인 증권회사를 현지에서 창업하였습니다. 나중에 그 회사를 잘 성장시켜 대우증권에 매각하게 됩니다. 남들보다 먼저 인도네시아에 진출하여 큰 사업의 기회를 본 것입니다.

이제 선진국 취업과 동시에 동남아시아나 인도, 심지어 중앙아시아로의 취업도 고려해 보아야 하는 시대가 되었습니다.

뒷이야기

코로나19 방역이 해제되면서, 일본 본사로 다국적 신입 직원들이 속속 들어가는 중입니다. 그들이 가장 중요하게 해야 하는 의사결정

중 하나가 월세 집을 얻는 것입니다. 회사에 담당자가 있어서 계약 절차를 도와주는 모양입니다.

그러나 워낙 일본으로 여행도 많이 다니고 꼼꼼해서 본인 스스로 월세 계약을 처리했다고 합니다. 그러다 보니 인도 출신 직원들이 집을 얻는 데도 도움을 주었다고 합니다. 동료들과 초기에 친해지는 좋은 계기가 되었다고 합니다.

일본 본사 직원과 다른 나라 동료들과도 친하게 지낼 것 같습니다. 인간관계의 출발은 남을 도와주는 데에서 출발합니다. 한국이나 일본이나 같습니다.

(3) UN 취업기 (IOM : International Organization for Migration 국제이주 기구)

등장인물

얼마 전 제가 약 10일간 아프리카 차드에 봉사활동을 할 기회가 생겨 출국하였습니다. 돌아오는 길에 차드 공항에서 한국 청년을 만났습니다. 저의 초록색 여권을 보고 말을 걸어왔습니다. (최근에 신규 발행 여권은 파란 청색) 차드에 와서 한국인은 두 번째로 만났다고 합니다. 거기에 근무한 지 1년이 안 된 모양입니다.

인터뷰 내용

중간 기착지인 '에티오피아 아디스아바바' 공항에서 그녀에게 인터뷰를 요청하였습니다. 그녀는 흔쾌히 승낙해 주었습니다. 저는 UN 산하 국제이주 기구(IOM)에 들어갈 수 있었던 계기가 궁금하여 물었습니다.

해외 취업한 성공 사례로서 한국 후배 청년들에게 도움이 되길 바라는 마음으로 인터뷰하였습니다.

저의 첫 질문은 월급과 퇴직금에 관한 내용이었습니다. 속물근성이라고 말할 수 있지만, 그것이 어느 정도 직업의 현 위치를 결정하는 것도 사실입니다.

"물어보기 좀 그런데요. 한국 대기업 초봉이 4천여만 원 정도 되는데, 그것과 비교해 급여가 어느 정도 수준인지와 퇴직금 제도는 어떤지 궁금합니다."

"급여는 현지 물가 수준을 고려하여, 험지 수당, 가족 수당에 의해 결정되지만, 대기업 연봉의 두 배 수준을 받습니다. 여기는 워낙 환경이 어려워서 두 달에 한 번 일주일 휴가를 받습니다. 이번 귀국은 그 차원입니다."

"퇴직금 제도는 잘 모르지만, 25년 근무하면 월 600만 원의 연금을 받는 케이스를 보았습니다."

"헉!!" (저는 연금이 눈에 확 들어왔습니다. 평생 걱정 없겠다는 생각이 들었습니다.)

"언제부터 여기 근무에 대한 꿈을 꾸었나요?"
"쑥스럽지만, 한비야 씨의 책을 보고 세계로 나가려고 했습니다. 또한 저는 동생과 중학교 때 2년 동안 어머니와 함께 미국 유학을 갔다 왔습니다. 아프리카 근무는 불어가 필수인데 대학 때 전공했고, 6개월 교환학생으로 어학 공부를 했습니다. 부모님의 도움이 컸습니다. 그런데 어학은 기본 중의 기본이고, 여기 UN은 전문가를 뽑기 때문에, 관련 경험을 쌓아야 합니다."

"현재 직장 경험 몇 년 차이세요?"
"코이카 국제기구 전문 봉사단에서 1년 근무하고, 여기 왔으니 이제 2년 차입니다. 전 학교 다니면서 관련 경험을 쌓았어요. 아프리카 경험은 석사 때 1년 휴학하고, 에티오피아 1년 코이카 봉사단에서 일했습니다. 마다카스카르에서 6개월간 대사관에서 근무하면서 코이카 사업을 직접 운영도 해 보았습니다."

"대학 시절 외교부에서 모집하는 제네바 UN 대표부 현장실습 프로그램 6개월을 간 적도 있었습니다. 저는 방학 때마다 국제 봉사 활동 관련 사업에 적극적으로 지원하였습니다. UN은 학벌보다 관련 경험을 쌓아서, 들어오자마자 전문가로서 활동할 가능성이 있는 사람을 뽑습니다."

"UN 산하 국제기구는 공채와 수시 채용이 있습니다. 임시직도 많은데 저는 운 좋게 정규직으로 들어가게 되었습니다. 공식직함은 평가담당관이며 영어로는 Monetary Evaluation Officer입니다."

"워낙 뽑는 게 다양하고 분야도 수없이 많아, 어떤 준비가 효율적이라고 말할 수 없습니다. 저는 그 다양한 사례 중의 하나일 뿐입니다. 강조하고 싶은 것은 '경험과 경력'이 중요하고, 정규직은 쿼터제로 운영되기 때문에 수시 채용을 공략하는 것이 더 좋습니다."

"코이카에서 공적 원조 시에 한국인 전문가를 반드시 한 명 뽑아야 한다는 조건을 거는 경우가 많아요. 그런 곳을 공략하면 좋습니다. 저도 그 덕분에 들어왔어요."

저자 생각

해외 취업은 어학이 기본입니다. 이것이 안 되면 기회조차 얻기 어렵습니다. 이분은 부모님 덕분에 조기유학으로 영어를, 대학에서 불어를 공부했습니다. 보통 가정의 경우는 시도할 수는 없습니다. 어쩌면 그것이 한계라고 할 수 있습니다.

취업이든 이직이든 가장 중요한 것은 관련 업무나 사업에 관한 '경험과 경력'이라는 사실을 명심해야 할 것 같습니다. 학벌보다 더 중요하다고 그분도 강조하였습니다. 인턴 또는 아르바이트라도 자기가 가고자 하는 곳에서 활동해야 합니다. 그것이 지혜로운 행동입니다. 그분의 경력 중 많은 부분은 코이카 관련 경험이고, 불어를 가장 많이 사용하는 아프리카에서 경험을 쌓았습니다.

뒷이야기

이번에 한국으로 들어오는 것은 결혼식장을 정하기 위해서라고 합니다. 그러면서 국제기구에 근무하게 되면 이혼하거나 미혼으로 사는 경우가 많다고 합니다.

본인은 행운이라고 합니다. 시어머니 될 분은 미국에서 교수 생활을 하고, 시아버지 될 분은 한국에서 사업을 하는 가정이랍니다. 그런 가정 배경을 가진 남편을 만났기 때문에, 비록 떨어져 있어도 다른 어떤 가정보다 잘 살 수 있을 거라는 막연한 자신감이 있다고 합니다.

자기 남편은 미국 영주권자이지만 한국에 와서 군대를 갔다 왔고, 한국에서 대학을 다녔다고 합니다. 그때 캠퍼스 커플이 되었고, 미국에서 로스쿨을 끝내고 변호사 준비를 하고 있다고 합니다.

저는 그분을 만나면서 인터뷰 내내 한국인이 자랑스럽고 대견했습니다. 한국을 떠나 글로벌에서 활동하는 모습이 멋졌습니다. 그분도 분명 그분의 시부모님처럼 멋진 가정을 만들 것입니다.

    그분은 5년을 근무하고 미국 동부에 있는 학교에서 석박사 통합과정으로 공부하러 가겠다는 포부를 피력했습니다. 꿈과 희망이 있다는 사실 하나만으로 가슴 설레는 젊음이 부러웠습니다.

쉬어가는 페이지

● 2030 세대의 결혼관 ●

결혼과 관련해서 요즈음 2030 세대는 어떻게 생각하는지 궁금했습니다. 사무실 여직원들과의 대화를 통해 알아본 2030 세대의 결혼관에 관해 이야기해 볼까 합니다. 그냥 편한 마음으로 읽으면 됩니다.

등장인물

그분들은 네 분의 여성입니다. 나이는 20대 후반부터 30대 중반에 걸쳐있습니다. 두 분은 기혼자이며 두 분은 아직 미혼입니다. 직장생활 보통 7~8년 차입니다. 두 분 다 결혼한 지 1~2년 이내이어서 자녀는 없는 상태입니다.

2030 세대의 결혼관

"현재 결혼한 남편들과 가사 분담을 어떻게 하세요?"

"제 남편은 요리를 저보다 잘해요."

(두 분 다 남편들이 요리를 잘한다고 서슴없이 답변하였습니다.)

"이상하게 요리를 잘하니 음식물 쓰레기며 청소 등도 자연히 잘하더라고요. 특별히 가사 분담할 게 없어요."

(저와 같은 베이비붐 세대는 자취한 사람이 아니면, 대부분 요리에 서투릅니다.)

자녀 출산 문제도 연이어서 질문하였습니다.

"언제 계획을 하고 계십니까?"

(현재 하는 일이 중요해서 그런지 명확한 답변을 회피하는 듯한 느낌을 받았습니다.)

"결혼하고 바로 가지려고 했으나 막상 결혼하고 보니 그것이 쉽지 않아요."

(또 다른 분은 20대 후반이어서 아직 생각조차 하지 않는 것 같았습니다.)

마지막으로 집 문제도 질문하였습니다.

"요즈음 집값이 너무 비싼데 어떻게 얻으셨어요?"

"신혼부부 대출받으면 몹시 어렵지는 않아요."

"그래요"

(집을 사는 게 어려운 문제이지, 대출받아서 집을 얻는 것은 두 사람이 벌면 큰 문제가 없는 것 같았습니다.)

미혼인 분들에게 결혼에 대해 어떤 생각하는지 궁금하여 그분들에게만 별도로 물어보았습니다.

"결혼할 생각은 있으세요?"

"그럼요."

"그러나 지금은 일에 집중하고 싶어요."

(결혼보다는 일에 더 관심이 있는 듯했습니다.)

저자 생각

일과 결혼까지는 우리 세대와 크게 다르지 않습니다. 다만, 요리 잘하는 것이 경쟁력이 된다는 것이 저에게는 새로웠습니다.

요리 자체만의 문제라기보다는 가사 분담 대부분이 요리와 그 뒤처리(쓰레기와 냉장고 정리)와 연관되기 때문입니다. 남편이 요리 잘해서, 쓰레기 문제, 냉장고 관리, 장 보는 것까지 많은 부분을 해결해 주므로, 아내의 가사 분담이 대폭 줄어듭니다. 이런 결혼을 한 여성분들은 매우 만족해하는 것 같습니다.

누구나 다 아는 이야기지만, 결혼보다 더 중요한 것은 일을 갖는 것이고, 결혼했더라도 아이를 갖는 것은, 매우 어려운 의사결정이라는 사실입니다. 그래서 결혼하기 전에 아이를 갖지 말자고 선언한 '딩크족'을 이해할 수 있을 것 같습니다.

미국에서도 동거하다가 아이를 출생하면, 그때 비로소 혼인신고를 한다고 합니다. 동서양 모두 아이를 갖는 것은 매우 어려운 의사결정임이 틀림없는 것 같습니다.

진로 케이스 3 : 직장생활을 하면서 부업을 하는 투잡러

　직장생활을 하면서 부업을 하는 투잡러는 두 가지 직업을 가진 사람들입니다. 한 가지 일은 생활비를 버는 고정적인 수입을 가져다주는 직업입니다. 또 다른 일은 자기가 하고 싶어서, 자기 이름을 걸고 하는 자기 사업입니다.

　한쪽이 어렵더라도 다른 일이 보완할 수 있고, 사업이 잘 안되더라도 견딜 수 있는 고정적인 수입이 있어 마음이 급하지 않습니다. 이런 생활을 젊어서부터 하면, 정년 이후에도 독립적인 삶을 살 수 있는 기초가 됩니다.

　여기에 언급된 분들은 이런저런 일로 저와 연관되어 저에게 상담 받았던 분들입니다. 나름 부업에 성공한 분들입니다.

　표로 정리하면 다음과 같습니다.

<표 5-1> 투잡러 유형

구분	주요 내용	비고
(1) 투잡러 1	<통역사 일 + 쇼핑몰 운영>	
(2) 투잡러 2	<일반회사 기술직 + 쇼핑몰 운영>	만화로 어학 공부
(3) 투잡러 3	<글로벌 유통 기업 + 행사 에이전시 사업>	회사에서 겸직 장려

(1) 투잡러 1 : <통역사 일 + 쇼핑몰 운영>

등장인물

이분은 저의 딸 과외선생으로 만나기도 했고, 교회에서 운영하는 학사에 들어갈 수 있도록 추천도 해 드린 분입니다. 대학에서는 중문학을 전공하였고, 대학원은 외대 동시통역 대학원을 졸업하였습니다.

학창 시절에 국가에서 추진한 'West 프로그램'으로 1년간 미국 공공기관에 취업하면서 영어 공부를 하였습니다. 어린 시절에는 화교 학교에 다니다가, 중국에 부모를 따라 이민가기도 했습니다. 그 덕분에 한국에 돌아와 대학을 어렵지 않게 입학한 듯합니다. 한국어, 중국어, 영어를 동시통역하는 인재입니다.

상담문제 발생

대학원 졸업하는 해에 코로나가 발생하였습니다. 통역사는 오프라인에서 각종 회의와 컨퍼런스가 있어야 수입이 발생합니다. 옆에서 보기에 저도 매우 답답하고 안타까웠지만 어쩔 수 없었습니다.

그 후 다시 만나게 된 것은 그분이 대만계 증권회사의 사장 통역사 모집에 지원했을 때입니다. 제가 증권회사 출신이어서 도움을 요청한 듯합니다. 자기소개서 작성과 면접에 나올 만한 예상 문제를 도와주었습니다.

1,2차 실무면접은 통과하였으나, 불행히 최종 면접에서 대만어와 중국 본토어의 차이로 탈락하였습니다. 이 청년은 본토에서 공부하였기 때문입니다. 취업함으로써 '코로나'라는 급한 소나기를 피해 보려고 했지만 결국 뜻대로 안 되었습니다.

먹고 사는 문제를 해결하기 위해 지인이 운영하는 쇼핑몰에 취업하였습니다. 자기 전공 분야와는 전혀 동떨어진 일이었습니다.

저는 사회초년생들에게 강조하는 한 가지 말이 있습니다. 영업을 해보라는 것입니다. 자기 스스로 영업해서 매출에 이바지한 경험만큼 더 소중한 것은 인생에 없습니다. 회사의 그 어떤 기능보다 매출에 직접적인 연관성 있는 업무는 영업과 마케팅만이 유일합니다. 그만큼 영업은 중요합니다.

저는 이 친구를 격려했습니다. 쇼핑몰 운영하면서 돈을 버는 노하우 얻기를 기대한다고까지 말해주었습니다. 쇼핑몰 취업한 지 1년이 지난 어느 날, 저는 그 친구로부터 전화를 받습니다.

"선생님! 저예요."

"웬일이세요."

"1인 쇼핑몰 창업하려고 합니다."

"그래. 잘된 일이네."

그런데 어쩐지 목소리가 어두웠습니다. 말 못 할 사정이 있는 듯했습니다. 쇼핑몰을 창업하겠다는 젊은 청년 K의 목소리가 밝지 않은 이유를 설명해 보겠습니다.

그분이 지인 쇼핑몰에서 초대박 상품을 기획하고 개발하여 상당한 수익을 발생시켰다고 합니다. 그러나 출퇴근을 편하게 할 수 있는 '모닝'이라는 자동차 한 대를 뽑아주는 것 이외에는 성과에 대한 금전적인 보상은 없었다고 합니다.

너무 실망한 눈치였습니다.

"남도 이 정도 성과를 내면 새로운 제안을 하던가, 아니면 일정 부분 성과를 공유하는 것이 인지상정일 텐데."라며 공감을 표시하였습니다.

그 지인과 빨리 결별하고, 별도로 독립하여 새로운 제품을 개발하라고 조언하였습니다. 본인도 그럴 생각이라고 하여 더 이상 시간 끌 필요 없이 추진하라고 하였습니다. 그러면서 오래된 '전설 같은 이야기'를 나누었습니다.

"잘되면 늘 사달이 납니다."

"사전 계약된 이익을 안 주는 일이 발생합니다."

"계약서를 써도 마찬가지입니다. 차일피일 미루는 경우가 많습니다."

"좋은 사회 경험이라고 생각하세요."

뒷이야기

그 후에 들은 이야기를 정리합니다.

주간에는 중소기업의 계약직으로 통역하는 일을 하면서, 야간과 주말에는 쇼핑몰을 운영하는 '투잡러'가 되었습니다. 포장하고 배송하는 업무는 부모님의 도움을 받아 진행합니다.

본인이 직접 중국 친구들을 통해 납품업체와 계약을 하고, 인천 항구에 도착한 물건은 대구 근방의 물류창고로 이동하는 일도 합니다. 결별한 지인을 통해 이 모든 것을 배운 것입니다. 대우나 성과는 기대에 못 미쳤지만 보이지 않은 노하우는 많이 배운 듯합니다.

현재 신규상품을 개발하여, 순항을 하는 것 같고, 임대 창고에서 자가 창고로 바꾼다고 하니 얼추 정상화의 길을 걷고 있는 것 같습니다.

저자 생각

이 청년은 코로나로 취업에 실패하면서 쇼핑몰 창업했습니다. 중국어와 영어 동시통역을 하다 보니 중국과 제품 수입이 남들보다 쉽습니다. 임시직으로 통역업무도 하다 보니 자연스럽게 투잡러가 되었습니다.

평균적으로 쇼핑몰 운영으로 월 5백만 원 수입 목표를 하고 있습니다. 임시직 동시통역 관련 업무를 하므로 고정적인 상당한 수입이 발생합니다. 투잡러는 전문적인 지식을 기초로 합니다. 이 친구에게는 '동시통역 업무'와 '쇼핑몰 운영 노하우'입니다. 이러한 전문지식을 소유한 사람은 굳이 회사에 정규직으로 취업하기보다는, 임시직으로 취업하고 자기가 하고 싶은 일을 창업하는 것도 하나의 대안이 됩니다.

제 친구의 며느리도 이와 유사한 일을 합니다. 2일은 일반회사에서 임시직으로 일합니다. 그 나머지는 자기가 하고 싶은 일을 독자적으로 합니다. 그녀는 S대 미대를 졸업하였다고 합니다. 디자인 분야의 전문가입니다.

2030 세대의 전문가들은 우리 세대와는 다르게 취업보다는 'N잡러'가 되는 새로운 길을 많이 걷습니다. 그것은 그 분야의 전문가만이 할 수 있는 길이며, 노후를 생각한다면 아주 지혜로운 결정입니다.

(2) 투잡러 2 : <일반회사 기술직 + 쇼핑몰 운영>

등장인물

입사 1년 차입니다. 현재 직장을 계속 다녀야 하는지 상담하다가 알게 되었습니다. 중국에 유학해서 소프트 엔지니어링을 공부하였고, 모든 행사에 '메타버스 기술'을 적용하는 일에 관심이 있어, 지금 회사에 취업하게 되었습니다.

카투사와 중국 유학으로 영어와 중국어는 잘하는 인재입니다. 제가 상담하다가 놀란 것은 부업을 한다는 것이었습니다. 카투사를 위한 전문 티셔츠를 파는 스토어를 만들어, 실제 판매와 마케팅을 한다고 합니다.

향후 스토어를 확장하여 '커뮤니티를 위한 독점적인 티셔츠'를 개발하려고 합니다. 경쟁자가 없는 니치 마켓만 공략하는 영업을 하려고 합니다. 1인 부업이기 때문에, 경쟁이 치열한 곳은 배제하는 전략을 세웁니다.

고민 사항

이 친구는 상사가 없이 단독으로 기술직으로 뽑혔습니다. 향후의 신규사업을 위해 사전 투자 성격으로 선발한 모양입니다. 혼자 한다고 하니 배움과 가르침을 줄 팀장이 필요하였습니다.

더 큰 회사에 가면 배움과 가르침이 있어, 입사 1년 차 입장에서는 더없이 좋은 기회가 될 것으로 생각한 모양입니다. 저는 그 친구에게 "메타버스 기술은 이제 태동하는 기술이라 너를 가르쳐줄 팀장이 이 회사에 올 까닭이 없다."라고 답변해 주었습니다. 이 회사는 직원이 10여 명 되는 소규모 회사이기 때문입니다.

"큰 회사 가도 마찬가지다. 나도 큰 회사 다녔지만, 스스로 묻고 찾아다니며 성장했다. 누가 너에게 차분하게 가르쳐 줄 선배는 잘 없다. 꿈 깨."라고 했습니다.

또한 소규모 회사의 장점인 재량권과 독립적으로 일하는 자유로움을 강조하면서, 큰 회사보다 더 많은 일을 배우게 된다고 조언해주었습니다. 그러니 2~3년 정도만 열심히 배운 다음에, 그 경험을 가지고 이직을 고려하라고 하였습니다.

저자 생각

제가 이렇게 이야기한 것은 1년 미만 이직은 경력으로 인정받을 수 없을 뿐만 아니라, 이직에 성공하더라도 계속 신입사원으로 지내야 하기 때문입니다. 현재 직장은 본인이 숙고 끝에 선택하였는데, 입사 1년도 안 되어서 배울 만한 선배 팀장이 없다고 옮기는 것은 너무 안타까운 결정입니다.

이후 본인이 운영하는 쇼핑몰은 적자 없이 잘 운영하고 있으며, 조만간 투자금을 회수한다는 이야기도 들었습니다. 전 너무 기뻤습니다.

"쇼핑몰 운영하는 것처럼 회사생활하면 되겠네. 나도 못 하는 것을 본인이 했으니, 이제 난 충고나 조언을 접어야겠다."

저는 이런 2030 세대를 보면 존경과 경외감이 듭니다. 1인 2역, 회사도 다니고 사업도 하고 참 대견합니다. 1인 창업으로 '생각'을 '돈'으로 바꾼 사람은 뭔가 달라도 다른 것 같습니다.

뒷이야기

그 친구는 저한테 문서 작성법을 배워 한 장으로 보고서를 쓰는 결과물을 만들었습니다. 이것을 가지고 자기 일에 대해 결제했다고 합니다. 저는 이 사례를 제가 조언해주고 있는 스타트업에 공유해 주었습니다.

"보고서를 만드는 데 일주일씩 걸리느니, 차라리 이처럼 한 장으로 보고서를 만들면 의사결정 속도가 빨라지게 됩니다."라고 대표님들에게 이야기해 주었습니다. 실제로 얼마 전에 만났던 바이오 스타트업 대표에게 전달해 주었더니 반응이 바로 왔습니다.

"이거 좋은데요!"
"정말이죠?"
"예. 파일로 보내주세요. 저도 우리 회사에 도입해 보려고요."

제가 은퇴한 지 8년이 되었는데, 그분이 처음으로 문서작성법을 배운 첫 제자가 되었습니다. 저는 기뻤습니다. 불과 4번 주말에 만났음에도 불구하고, 한 장 보고서를 만들어서 현장에 적용한 것이 대견했습니다. 그 노력을 축하하고 격려하고 싶었습니다.

"참 잘했어요."

아래 그 내용을 첨부하였습니다.

실제 이 자료를 가지고 결제받았다고 합니다. 이제 일이 편하다고 합니다. 과거에는 보고서 만드는 데 일주일씩 걸렸다고 합니다. 이제는 하루 이틀이면 끝나게 되었습니다. 일의 결과를 추진하는 데에 전념할 수 있습니다.

주말에도 영상 관련 공부를 시작했다는 이야기를 들었습니다. 남들보다 다르게 살아야 합니다. 이렇게 계속 공부하다 보면 언젠가는 전문가라는 소리를 듣습니다.

<사례 5-1> 한 장 보고서

결재	담당	부장	대표

「기술융합사업부 기술 솔루션 사업」 홍보를 위한
네이버 파워링크 등록(안)

☐ 요약 정리 : '네이버 파워링크'에 등록하여 기술 솔루션 홍보 채널 확보

추진 배경
☐ 기술 솔루션 사업의 활성화를 위한 홍보 채널 필요
- ***** 의 홈페이지 접근의 어려움
- 동사의 메타버스 행사, 홀로그램 행사 등의 키워드 검색시 노출 부재
- 자체적 사업 추진을 위한 홍보 채널 구축 필요

추진 방안
☐ 네이버 파워링크 등록(안)
- 기간 : 2022년 6월 ~ 9월(4개월)
- 내용 : '네이버 파워링크' 등록으로 홍보
- 방법 : '메타버스 행사', '홀로그램 행사' 등 키워드 검색 노출 강화
  클릭 수 당 최저 입찰가 70원으로 입찰 후 추진 예정

실행 계획

1단계 : 등록	2단계 : 비교 분석	3단계 : 결과 보고
네이버 파워링크 자체 등록	타 경쟁사와의 상위노출 비교	업무 추진 결과 보고
■ 광고대행사 이용하지 않고 자체 등록 ■ 네이버 광고 아이디 개설 필요 (기획관리실 협조 필요) ■ 네이버 가상계좌에 예치금 필요(기획관리실 협조 필요)	■ '클릭' 수당 입찰가 최저가인 70원으로 등록 ■ 이후 타 경쟁사와의 상위 노출 비교 분석 ■ 분석을 통한 입찰가 변동사항 논의	■ 월 중간 보고 ■ 9월 최종 보고

추진 일정

구분	2022년														
	6월				7월				8월				9월			
	1	2	3	4	1	2	3	4	1	2	3	4	1	2	3	4
1. 등록																
2. 비교 분석																
3. 결과 보고																

☐ 소요 예산(안) : 최대 ₩500,000원 (상황에 따라 변동 가능)
- 산출근거 : (1) 클릭 수 당 입찰가 **~***원
  (2) 매달 총 클릭 수 500회 일 때 : *** ~ *** 원
  (3) 4개월간 운영시 : **만 ~ **만원

※ 파워링크 안내 : https://saedu.naver.com/edu/self-study/view.naver?seq=40

(3) 투잡러 3 : <유통 기업 + 행사 에이전시 사업>

등장인물

이 친구는 직장생활 10년 차입니다. 현재 1조 매출을 올리는 유통 회사에 다닙니다. 직장에 다니면서 동시에 5천만 원 이하의 행사를 수주하여 1인 사업을 하는 전문가이기도 합니다.

이 친구는 전 직장에서 '자신이 한 일의 성과'를 알아주지 않아, 저와 상담한 적이 있었습니다. 그때 제가 "회사 모든 사람이 다 알고 있으니 너무 섭섭해하지 말고 열심히 하라"고 격려해 주었습니다. 그 후 현재 회사로 이직하였고, 행사 에이전시 업무도 부업으로 할 수 있어 매우 신나게 다니고 있습니다.

회사소개

이런 투잡러가 된 것은 아마도 이 회사가 부업을 권장하고 겸직까지 허용해서 이루어진 것입니다. 처음에는 충격적이었습니다. 한국에 이런 회사가 있다는 그 자체가 믿어지지 않았습니다. 몇 번이나 다시 물었습니다.

"그게 사실이에요? 투잡러를 권장한다고요?"

"네, 저희는 일할 때 외부에서 아웃소싱으로 합니다. 제가 독립적으로 기획하고, 추진하는 사람은 외부에 용역을 주어 실행합니다. 즉, 소수 정예의 직원만 회사가 한도를 두어 인력을 관리합니다. 그 나머지 추진 조직은 모두 외부에서 아웃소싱으로 해결해야 합니다."

저자 생각

투잡러는 두 가지 일이 다 잘되면 금상첨화입니다. 만약 하나가 안 되더라도 나머지 일이 뒷받침되기 때문에 생활이 불안정하지 않습니다. 더욱 중요한 것은 독립적으로 일하는 그 분야의 전문가가 되는 것입니다.

은퇴 후에 경쟁력이 있으면, 30년 더 일하면서 100세 시대를 누구보다 자신 있게 살 수 있습니다. 투잡러가 되십시오. 아니면 전문가가 되어야 합니다.

그런 사람은 바로 이런 사람입니다. 소프트웨어 전문가가 되어 자유롭게 독립적인 일을 하는 사람입니다. 쇼핑몰 사업자도 그런 분들입니다. 디자인 전문가도 여기에 포함됩니다. 소위 말하는 전문 자격증 소유자도 있습니다. 회계사, 세무사, 변리사입니다. 의전원에 다니는 의사 지망생(현재 의전원 폐지와 의과대학 체제로 회귀)과 법전원에 다니는 변호사, 판사, 검사 지망생도 마찬가지입니다.

제가 아는 젊은 '손해사정인'도 있는데 괜찮은 보수와 직무만족도가 높은 것을 보았습니다. 그보다는 못하지만, 은퇴 후에 '손해평가사'를 따서 6개월만 일하는 분도 보았습니다. 젊은 사람은 많이 없지만, 목수나 도배사, 타일공, 누수 전문가도 전문 기술이 있어 평생 몸만 허락한다면 노후를 안정적으로 살아갈 확률이 높습니다. 재능만 있다면 젊은 분도 관심을 가져보기를 조언합니다.

내가 하는 일이 여기에 언급되지 않았다고 서운해하지 마십시오. 저는 회사에 있을 때 보고서 작성 능력과 남을 가리키는 연수 능력이 있었습니다. 그 덕분에 은퇴 후에 자소서와 모의 면접, 심지어는 사업계획서 쓰는 일에 도움을 주는 전문가가 되었습니다. 대학에서 강의도 하게 되었습니다.

이런 경험을 바탕으로 취업에 관한 책과 창업에 관한 책을 각각 1권씩 총 2권을 쓰게 되었습니다. 최근에는 스타트업의 연구개발(R&D)에 참여하여, 리서치도 해주고 보수도 받게 되었습니다.

어떤 일이든지 무슨 일이든지 그 일에 혹은 그 분야에 대체 불가한, 아무도 할 수 없는 나만 할 수 있는 전문가가 되십시오. 그것 말고는 앞으로의 세상을 슬기롭게 헤져나가기가 힘듭니다. 아니면 투잡러가 되십시오. 그것도 아니면 자기 사업을 하세요. 이게 정답입니다.

정년 이후에도 독자적인 삶을 살 수 있습니다.

쉬어가는 페이지

● 겸직 금지에 관한 법률 지식 ●

<핵심 내용>

❶ 헌법상 직업의 자유가 보장되기 때문에 겸직이 불법인 것은 아니다. 겸직 제한은 합리적 범위 안에서만 인정되기 때문에, 근로계약서나 사규에 겸직 금지 조항이 있다고 해도 이는 무효다.

❷ 판례를 통해서도 취업규칙이 정한 근무 시간이 아니라, 퇴근 후에는 여러 부업을 겸직하는 게 허용된다는 원칙이 정립돼 있다.

❸ 회사에서 하는 본업과 경쟁 관계에 있는 일을 부업으로 하는 건 회사와 이해관계 충돌이 발생하기 때문에 허용되지 않는다.

<질의응답>

❶ 겸직을 안 하겠다는 약속을 한 경우, 이를 근거로 회사가 징계를 내린다면?

근로자가 겸직해서 적발되면 징계 받겠다고 약속했어도 근무 시간이 끝난 후 자유시간에 한 부업 활동에 대해서까지 회사가 관여하는 건 과도한 기본권 침해다. 다만, 법원은 합리적 범위 내에서 '보호 가치 있는 이익'이 있을 때만 제한적으로 겸직을 이유로 한 회사의 징계가 정당하다고 보고 있다.

❷ '보호 가치 있는 이익'은 무엇인가?

근로자가 회사와 경쟁적 관계에 있는 일을 부업으로 운영하거나 경쟁업체에서 일거리를 받아 일하는 경우가 대표적이다. 이 경우에는 근로자의 겸직을 막아, 회사를 보호할 가치가 있다고 인정된다. 근로자가 회사의 영업 기밀을 이용하는 경우 역시 겸직이 허용되지 않는다. 일례로, 법원 판례를 보면, 회사 근로자가 부업으로 꽃집을 운영하면서 회사 거래처와 명함 도안 등을 꽃집 운영에 활용한 경우, 회사의 직무상 정보나 자산을 부당하게 이용한 것이므로 징계해고 사유에 해당한다고 판시한 바 있다.

❸ 부업을 하다 다치면 회사가 가입한 단체보험 적용이 가능한가?

회사의 근로 행위와 관련이 있다면 당연히 단체보험 적용이 되겠지만, 퇴근 후 회사의 근로 행위와 상관없는 부업을 하던 중 다친 것은 단체보험 적용 대상이 되지 않는다.

❹ 공무원의 겸직은 법률로 금지된 걸로 안다. 그 내용은?

국가공무원법 제64조를 보면 공무원이 공무 외에 영리를 목적으로 하는 업무에 종사하지 못한다고 규정하고 있다. 또 공무원이 다른 사적인 직무를 겸하려면 소속 기관장의 허가가 있어야 한다.

진로 케이스 4 :
직장생활을 접고,
자기 사업을 시도하는 사람들

　직장생활을 접고 자기 사업을 시도하는 사람들의 이야기를 해 볼까 합니다. 이들의 시도가 의미 있는 것은 자기 머릿속의 생각을 돈으로 바꾸는 사람이기 때문입니다. 자기 사업을 해서 수익을 창출하는 것은 쉬운 일이 아닙니다. 시쳇말로 창업 중에 90%는 망하고, 10%만 창업에 성공한다고 합니다. 그만큼 창업은 어려운 것입니다.

　젊어서부터 이런 시도는 자기 경쟁력을 갖게 해서 노후에 돈을 버는 방법을 터득하게 해줍니다. 어려운 창업에 성공하면 정년 없이 평생을 일할 수 있습니다. 저는 이건산업 감사로 근무한 지 8년이 되었습니다. 그룹을 이끄는 박영주 회장님과 같이 일하면서 가장 부러워했던 것은, 거의 80이 넘어서까지 일하시는 모습입니다. "나도 그때까지 일할 수 있을까?"라고 스스로 질문하였습니다. 자기 사업으로 성공하면 정년이 없다는 사실을 저는 우리 박 회장님을 통해서 눈으로 확인했습니다.

그런 의미에서 여기 젊은 2030 세대의 창업 시도는 너무 소중하고, 그 자체만으로도 존경스럽습니다.

<표 6-1> 창업을 시도한 사람들

구분	주요 내용	비고
(1) 세무사	세무사 자격증을 가지고 창업을 시도한 이야기	창업 3년 차
(2) 디자인 회사	디자인 전문가 세 자매의 창업기	창업 2년 차
(3) 방수사업	방수사업을 준비하는 청년과의 인터뷰	-

(1) 세무사 자격증을 가지고 창업을 시도한 이야기

등장인물

정확히 2년 전 세무사 자격증을 따고, 세무법인에 취업하려고 저를 만났습니다. 그때 자소서와 면접에 관한 멘토링을 받은 친구입니다. 고민하다가 법인에 취업하지 않고, 태릉입구역 근처에서 세무사 사무실을 개업하겠다는 의사결정을 하였습니다. 어린 나이에 자기 사업을 시작한 것입니다.

저는 그 당시 대단하다는 생각이 들었습니다. 20대 세무사로서, 어려운 결정이었습니다. 동기 중에서도 유일한 모양입니다. 창업 당시

28살이었으니 지금은 30살이 되었습니다. 지방에 있는 전문대를 졸업하고, 4년 동안 세무사 공부를 한 후 합격하였습니다. 저의 아들과는 절친 중의 절친입니다.

만남을 요청한 이유

사무실 운영에 관한 이야기를 듣고 싶어, 2년 만에 다시 만났습니다.

"사무실은 적자 아니니?"
"적자는 아니고, 적지만 생활비는 가져갈 정도는 됩니다."
"보통 어느 정도 시간이 흘러야 정상궤도에 오르니?"
"보통 5년 정도 걸립니다."

"그래도 2년 만에 이 정도가 되어서 다행이다."
"전 이모와 같이 시작해서 그렇습니다."
"그건 무슨 말인가?"
"이모가 이쪽 분야에서 일하고 고객을 가지고 있어, 사무실 비용은 이모가 부담합니다. 대신 제가 정상화될 때까지 고객에 대한 세무 처리를 해 드립니다."
"그렇구나. 정상화되면 너도 독립하겠구나."
"맞아요."

> 저자 생각

이 청년을 만나면서 느낀 소감은 의지의 한국인 같다는 것입니다. 고등학교 시절에 공부를 잘 못하여 지방대를 다녔지만 그러한 핸디캡을 세무사라는 자격증으로 극복한 것입니다. 말이 공부지 4년간 얼마나 많은 마음고생을 했겠습니까? 그것을 생각해 보면 참 대견하기도 하면서 경의를 표하고 싶을 정도입니다.

취업을 선택하지 않고, 자기 사업을 시작한 것도 대단한 일입니다. 고객이 봤을때 자기가 너무 어리게 보이니, 처음에는 세무 처리도 경험이 적을 거라는 의심을 했답니다. 그만큼 고객 확보하기가 참 어려웠답니다. 네이버의 전문가 상담 등 온라인 활동을 통해 고객을 만나기도 했답니다. 2년간 열심히 하다 보니 고객이 고객을 소개하기도 하고, 나름대로 자리를 잡아가고 있다고 합니다.

저는 그 청년하고 이런저런 이야기 하면서, "노후에 걱정이 없겠다."라며 덕담을 건넸습니다. "자기 사업을 하면 독립심도 생기고, 어떻게 고객을 확보할까 하는 영업 기획을 하게 됩니다. 그러다가 이런저런 시도를 하다 보면 고객이 생기는 것 같습니다"라며 사업 운영이 쉽지 않음을 토로하기도 하였습니다.

금요일 오전까지만 일하고, 주말은 쉰다고 합니다. 주말에는 자기가 하고 싶은 일을 합니다. 이것이 자기 사업의 묘미가 아닐까요. 2~3년 후 사무실이 정상화되면 CFA 자격증 등 투자 관련 공부를 하려고 한답니다. 세무사 이외의 또 다른 부업을 준비하고 있습니다. 저는 옳은 결정이라고 칭찬까지 했습니다.

　이 청년은 처음 5년이 고객 확보가 힘들지, 한 번 고객은 영원한 고객이 된다고 합니다. 지금까지 자기 고객은 단 한 명도 떠난 적이 없다고 합니다. 열심히 하는 이유가 바로 여기에 있습니다.

　현재 취업한 동기에 비해 수입은 적지만, 2~3년 후 정상화만 되면 평생 안정적인 현금 흐름이 발생합니다. 길게 보면 자신의 판단이 맞을 것이라고 합니다. 맞습니다. 그게 정답입니다.

뒷이야기

　이 친구는 사무실을 키워서 직원을 두는 세무사 모델을 하지 않으려고 합니다. 자기가 벌 수 있는 최대한도만큼만 벌면 사무실을 없애는 방법을 생각하고 있습니다. 값싼 공유 오피스를 활용한다거나, 아니면 오피스텔을 사서 주거와 사무실을 겸용하는 방안을 검토하고 있습니다. 1인 사업자를 구상하는 것입니다.

　이것이 성취되면 또 다른 부업을 해서 투잡러를 할 계획이라고 합니다. 고객은 사무실로 찾아오지 않으며 전화로 충분히 상담할 수 있습니다. 쓸데없이 오프라인 사무실 비용을 낸다든지, 종업원을 두고 규모를 확장한다든지 하는 것은 자기에게는 맞지 않는다고 합니다.

　자유롭게 1인 사업을 하면서, 고정비를 철저하게 낮추는 방식의 사업을 만들려고 합니다. 그것이 알아서 돌아가게 되면, 새로운 일을 찾아 부업을 하려는 것입니다.

(2) 디자인 전문가 세 자매 창업기

> 등장인물

세 자매가 모두 디자인을 전공하였습니다. 이분들의 부모는 모두 순수 예술을 합니다. 두 분 다 홍대 미대를 나왔고 캠퍼스 커플이었습니다. 정부에서 이분들의 작품을 소장하였다고 합니다. 미술사적 가치가 있다고 공인받은 것입니다. 예술가로서 영광입니다. 상당한 수준의 경지에 오른 분들이라고 판단됩니다.

세 자매 모두 부모로부터 예술가적 재능을 물려받은 것 같습니다. 하여간 이분들은 각자 2~3년간 회사에 다니다가, 다시 모여 창업했습니다. 첫째는 경력이 10년 차이고, 나머지 동생들은 사회 진출한 지 4~5년 됐습니다.

이 친구들의 부모가 제 친구이고, 특히 첫째하고는 일도 같이한 경험이 있습니다. 이번에 만남은 3년 만이었습니다.

> 창업방식

이들의 창업방식이 특이합니다. 3자매 각자 개인사업자로 일합니다. 회사명은 첫째 회사의 이름을 따릅니다. 사무실 비용 등 공통비용으로 전체 수익의 20%를 별도 적립하여 사용한다고 합니다.

혼자 할 수 있는 일은 독자적으로 하고, 공동 프로젝트가 필요한 경우에는 상호 협의하여 진행한다고 합니다. 이것을 그들은 '느슨한 연대'라는 용어로 설명하였습니다.

특이한 형태이긴 한데, 목수나 타일 등 현장 일을 하시는 분들과 유사합니다. 개인별로 일하다가 팀으로 일하면, 팀장(보통 '오야지'라고 말함)에 의해서 업무가 배분됩니다. 수익배분은 모두 팀장에 의해 사전에 결정됩니다.

이분들이 이러한 조직으로 운영하게 된 것은 많은 시행착오를 거쳐 결정되었습니다. 협동조합 방식으로 회사 운영도 해 보고, 한 사업자 밑으로 소속돼서 일해 보기도 하였답니다. 그러다가 이 창업방식으로 최종 진화한 것입니다. 아마도 4대 보험과 세금 등 실무적인 문제로 이런 결정을 하게 된 모양입니다.

수익모델

저는 먹고사는 문제가 제일 궁금했습니다.

"작년 매출은?"

"5천만 원 정도 한 것 같습니다. 막내는 남편 회사로부터 외주업무를 받아서 일하고, 둘째는 연구소에서 꾸준히 책 디자인 업무가 들어와서 고정적인 수입은 어느 정도는 해결되어요."

"그렇군요"

"오히려, 제가 3년 전에 애를 낳아 기르다 보니 매우 불규칙하게 일합니다. 한 1~2년 정도는 어쩔 수 없을 것 같아요."

역시 전문직 여성은 육아라는 큰 어려움이 있다는 사실을 다시 알게 되었습니다. 이런 환경에서도 일을 찾고, 자신의 경력을 업그레이드하는 모습은 늘 멋지게 보입니다.

저자 생각

전문가들도 지속적인 학습이 없으면 언젠가는 도태된다고 생각합니다. 그래서 그 부분에 대한 견해가 매우 궁금했습니다. 첫째는 회사생활 2년을 마무리하고, 5년간 같은 업계 있는 분들과 공부도 함께 하며, 공통프로젝트를 진행했다고 합니다.

"어떤 분과 함께 공부 했어요?"
"편집디자이너, 일러스트레이터, 영상디자이너, 패션디자이너 등과 같이 일했어요."
"그렇군요."

"구체적으로 어떤 일을 했어요?"
"서울시 산하의 평생교육진흥원에서 추진한 '모두의 학교'사업입니다. 저희가 내용이 좋아서 3년 동안 금천구에서 사업을 했어요. 요즈음도 그땐 배운 분들의 전화를 간혹 받아요."

"그렇군요."

"도대체 어떤 사업이었어요?"
"**'헌책드로잉'입니다.**"
"한번 보여주세요."
(저는 그분으로부터 사진 6장을 받았습니다. <표 6-2>에 실었습니다.)
"재미있어 보이는걸요."

한편 동생들은 어떻게 능력을 개발하고 있는지 궁금했습니다. 그러나 묻기가 참 어려웠습니다. 때마침 동생에 관해 이런 이야기가 들려왔습니다.

"웹디자인은 학교 다닐 때는 배운 적이 없으나 스스로 배워서 시도해요. 그리고 한 번도 해 본 적 없는 프로젝트도 수주 받아 도전해요. 동생들이 저보다 일을 잘해요. 하하"

여기서 저는 프리랜서 전문가들은 실력이 정체되지 않도록 끊임없이 도전한다는 것을 엿볼 수 있었습니다. 같은 분야 분들과 협업하면서 상호 영향을 주는 학습 방법도 알게 되었습니다.

그 결과를 <표 6-2>에 담아 보았습니다.

<표 6-2> 전문가의 협업을 통한 상호 학습 : '헌책드로잉'

(3) 방수사업을 준비하는 청년과의 인터뷰

등장인물

1년 전쯤 아버님 친구가 방수회사 운영하는데, 그 사업을 승계하라는 제안으로 상담한 적이 있는 청년입니다. 디자인을 전공했으며, 인테리어 회사와 광고 마케팅 회사를 거쳤습니다. 만났을 당시 취업한 지 5년 차였습니다. 지금은 직장생활 7년 차가 되었다고 합니다. 벌써 만난 지 1년이 조금 지났습니다. 저하고는 대학 시절 장학금 후원을 연결한 관계로 만났습니다.

인터뷰 요청

제가 궁금한 것은 회사에 다니다가 사업을 승계하기 위해 회사를 이직한 것이 후회되는지였습니다. 저는 작년에 만났을 때, 잘한 선택이라고 격려했습니다. 자기 사업을 한다는 것은 평생 현역으로 일할 수 있기 때문입니다.

저는 궁금했습니다. 현실과 이상의 괴리가 늘 존재하기 때문입니다.

"1년 지나고 있는데 적응 잘하고 있나? 만족하니?"
"네, 급여 등 근무 여건 등이 좋습니다. 보통 8시 30분에 출근하고 5시 30분에 퇴근합니다. 야근도 없습니다."

"계절적인 요인이 있을 텐데, 겨울에는 뭐하나?"

"세미나를 다니거나, 방수기능사와 환경기능사 공부를 합니다. 틈나는 대로 건축 공부도 합니다. 건축을 알아야 방수 영업이 가능합니다."

"그래. 다행이다."

"최근에 제가 아파트 공개 입찰에 참여하여 7천만 원짜리 계약을 땄어요."

"와우. 축하한다."

"다른 경쟁자들보다 천만 원 비쌌는데도 우리 회사를 선택했어요. 제가 설득했어요. 3년 지나면 다시 물이 샌다고. 우리 것은 절대 그런 경우가 발생하지 않는다. 싼 것이 비지떡이다 라고요. 사장님이 계약이 안 될 것으로 생각했는데, 제 설득이 주효했다며 칭찬을 해주셨어요."

"정말 잘된 일이다. 아주 많이 축하해."

저자 생각

저는 인터뷰하면서 더욱 놀라운 것은 사장님에게 한 이 청년의 제안이었습니다. 5년 후에 청년이 사업을 인수인계하면 사장님이 돌아가실 때까지 수익의 일정 부분을 연금처럼 드리겠다고 하였답니다.

아마도 월 300만 원 정도는 될 거라고 합니다. 나는 잘했다고 했습니다. 사업하다 보면 어려운 일이 생기기도 하고, 영업이 필요할 때가 발생할 수 있으니 위험 대비 차원으로서도 지혜로운 제안이라고 하였습니다.

1년 만에 독자적으로 영업하여서, 큰 규모는 아니더라도 7천만 원 정도의 계약을 체결한 것이 제일 고무적입니다. 소규모는 넘어 중규모 수준은 된다고 합니다. 저하고 인터뷰하는 내내 회사 다닐 때보다 목소리가 힘차 보였고, 자기 사업을 준비한다고 생각하니 내적 동기가 부여되는 것 같았습니다.

그렇습니다. 자기 사업을 하는 사람은 사업만 잘되면 너무 좋은 일입니다. 방수업에서 성공하려면 계속 기술개발을 해야 하며 해외 동향을 파악하고 연구해야 합니다. 다행히 어린 시절 아버지의 유학으로 영어는 좀 한다고 합니다. 아마도 현재 사장님이 이 사업을 친구 아들에게 주려고 한 이유도 영어가 되기 때문인 것 같습니다.

역시 자기 사업해서 돈을 버는 훈련을 하면, 정년 이후 삶에서도 더욱 의미 있고 활기 있게 살아갈 수 있으리라는 확신이 듭니다.

뒷이야기

그 청년은 60세까지만 이 사업을 하고, 현재 자기가 사장님에게 제안했던 방식으로 그 사업을 정리하려고 합니다. 그 후 자기가 하고 싶은 사업을 하겠다고 합니다. 저는 안심이 되었습니다. 사업으로 성공한 사람은 어떤 사업을 창업하더라도 성공 확률이 높습니다.

그 청년은 아프리카 여행도 혼자 다녀왔고, 베트남에서 여행 관련 사업도 추진하려고 했던 적도 있었습니다. 그의 미래 사업이 그런 방향일지 궁금하기도 합니다.

03

인생 진로에서 만나는 스트레스와 어려움을 슬기롭게 극복하라.

우리가 정해진 목표를 향해 뚜벅뚜벅 걸어가다 보면, '커다란 산'만한 어려움을 만납니다. 그럴 때마다 고민하게 됩니다. 어떻게 해야 할지 참 망설여집니다. 특히 해결될 수 없는 어려움을 만나면, 한참 멈추어 서서 고민하게 됩니다.

저는 지점장 시절에 실적이 안 좋아, 영업사원으로 강등당하는 경험을 한 적이 있습니다. 지점장으로 일 할때 처음 3년간 실적이 좋아 매년 상을 받았습니다. 상을 받으면, 여지없이 그다음 해에는 목표가 올라갑니다. 그러다 4년 차에 사장이 바뀌었습니다. 그 사장은 실적이 안 좋은 하위 10% 지점장은 직책을 박탈하겠다고 공표했습니다.

하필이면 그해에 우리 부서에서 제일 영업 잘하는 직원이 노조 정책국장으로 인사이동을 하게 되었습니다. 다른 지점에서 오기로 한 영업직원은 오지 않는 일까지 발생하였습니다. 엎친 데 덮친 격으로 외부에서 영입한 투자상담사가 민원으로 영업하지 못하게 됩니다. 그 해에 실적 하위 10%가 되어, 지점장에서 영업사원으로 강등당하게 된 것입니다. 3년간 실적 우수 점포 지점장이 사장이 바뀌는 시점에 지점의 불상사가 겹쳐 실적이 저하된 것입니다.

그 후 다른 점포로 이동하여 1년간 영업사원으로 백의종군하게 됩니다. 결국 영업을 잘해, 상위 10% 안에 드는 우수 직원이 되었습니다. 1년 후 본사 부서장으로 이동 후, 임원으로 승진하게 됩니다. 전화위복이 되었습니다. 다행스러운 일입니다.

여러분도 저처럼 인생의 항로에서 커다란 파도와 폭풍을 만나게 됩니다. 이때마다 심리상담이나 정신과 치료를 받는 것이, 도움이 될 수 있습니다. 평생 청소년 상담과 대학에서 심리학 강의를 한 전문가가 이 책의 7장을 채워주실 것입니다. 실무와 이론을 겸비한 분입니다. 은퇴 후에도 어려운 청년들을 위한 쉼터를 운영하면서, 사회공헌활동을 하는 분입니다. 어려울 때는 버팀목이 되는 친구나 선배 혹은 멘토가 중요합니다. 자기를 이해해 주는 한 사람만 있어도 어려움에서 회복할 수 있습니다.

이분을 통해 알게 된 새로운 인생의 길을 가는 젊은 청년의 이야기는 큰 감동으로 다가옵니다. 해결할 수 없던 상황에서 좋은 상담 선생님을 만나, 180도 새로운 삶으로 극적 변화를 겪게 됩니다. 무조건 어려울 때는 주위에 도움을 요청해야 합니다. 그것이 정답입니다.

8장은 자기 사업을 하는 2030 세대를 위해 창업의 어려움에 관한 인터뷰를 실었습니다. 동시에 창업전문가들의 조언도 추가하였습니다. 그분들의 공통점은 창업하면 반드시 난관과 역경을 만난다는 것입니다. 한 분도 안 만난 분은 없습니다.

'호사다마'라고 할까요. 창업하고 5~6년 지나서, 100억 정도 매출이 생기면서 위험이 발생합니다. 어려울 때보다 회사가 잘될 때 조심해야 한다는 옛 어른들의 말씀이 생각납니다. 이분들은 역경과 난관의 극복 비결로 사람을 강조합니다. 보통 인적자산이라 하는데, "회사가 어려움을 만나면, 항상 귀인이 나타나 그 어려움을 해결한다"라는 가설입니다.

마지막으로 창업에 실패해서 경영권도 다 넘겼지만, 그 회사의 대표를 다시 맡아 회사를 회생시키는 역할을 하는 분도 있습니다. 저는 그분과 인터뷰하면서, "인생의 어려움을 잘 극복하면, 재기의 길도 생기는구나!" 라는 생각을 하게 되었습니다.

우리가 힘들 때
회복된 삶을 사는 방법

저는 상담을 전공하고 학생들을 가르치고 상담소에서 일하다 은퇴하였습니다. 지금은 제2의 인생으로 받은 달란트를 주변 어려운 이웃들에게 나누며 살고 있습니다.

우리 주변을 살펴보면, 저마다 크고 작은 마음의 병이나 상처들을 지니고 사는 사람들을 쉽게 볼 수 있습니다. 이 세상에 완벽한 사람은 없습니다. 저마다 말하지 못하는 '아픔과 상처와 열등감'을 가지고 힘들게 버티며 살아갑니다. 그러다 주변 환경이나 상황이 나빠지면, 마음속에 내재해 있던 아픔과 상처와 열등감이 올라와 일상을 잘 보내지 못하게 됩니다.

누구나 살다 보면, 힘들고 버거울 때가 옵니다. 그럴 때는 "내가 지금 힘들구나."하고, 가던 길을 멈추고, 잠시 쉬었다 가면 됩니다. 혹은 상담소나 정신과에 가서 필요하면, 약물 치료를 받고, 나를 돌아보고, 힘을 얻어서 다시 나의 길을 가면 됩니다.

몇 개월 상담하면서 그동안 못했던 하고 싶었던 일, 소소한 일상의 행복을 경험해 봅니다. 잠시 충전하면 마음에 힘이 생깁니다. 헬스로 근육을 만드는 것처럼, 마음에도 근육을 만들어 놓으면 됩니나. 다음에 어려운 일이 생기면, 지난번보다 가볍게 이겨나갈 수 있습니다.

우리는 사랑 받을 조건이 충족되어야, 사랑을 받을 수 있는 사람이 아닙니다. 아무 조건 없이 있는 그대로의 모습으로, 그냥 사랑받을 만한 사람들입니다. 그 누구와 비교할 수도 없고, 해서도 안 되는 귀한 사람들이며, 특별한 존재입니다.

일도 목표가 중요하지만, 여러분 자신도 중요합니다.

"내가 어떻게 하면 행복하게 살 수 있을까?"

"나를 사랑하는 방법은 무엇일까?"

힘들 때 나를 위로하며, 다시 일어서는 방법들을 몇 가지 이야기하려고 합니다.

(1) 시간을 정해서 나와 대화하기

핸드폰을 사면, 사용 설명서가 있습니다. 사용 설명서를 잘 읽지 않으면 내 핸드폰인데도 무슨 기능이 있는지 어떻게 사용해야 하는

지 알 수 없습니다. 마찬가지로 내가 어떤 사람인지 모르면, 내가 어떨 때 화가 나는지, 왜 화가 나는지, 화를 주체하지 못하는 이유가 무엇인지 알 수가 없어 혼란스럽게 됩니다.

일주일에 한 번씩 요일과 시간을 정해서 자신과 이야기합니다. 자신과 데이트 시간을 정해서 꾸준히 자신과 대화하면서 자신을 만나 보십시오.

예를 들어, 오늘은 내가 좋아하는 음식은 무엇인지? 김치찌개라고 답이 떠오르면 내가 김치찌개를 먹을 때마다 기분이 좋아지는 이유를 생각해 봅니다. 갑자기 어렸을 때 힘들 때마다 엄마의 김치찌개를 먹으면 기분이 좋았던 추억이 생각납니다. 김치찌개는 음식이 아닌 엄마의 사랑이었기에 김치찌개만 먹으면 기분이 좋아집니다.

음식은 추억과 많이 연결됩니다. 힘이 들 때 좋아하는 친구, 가족들과 여러분의 추억의 음식 먹으면 여러분의 스트레스가 조금은 가벼워집니다. 이렇게 나만의 스트레스 맛집 리스트 만들어 보십시오. 오늘은 이 집, 내일은 저 집, 혼자서도 좋고 둘이서, 셋이서 사랑이, 행복이 기억나는 음식들을 먹고 힘내십시오. 더불어 행복한 추억을 저금하십시오.

정해진 시간에 자신과의 대화할 때 생각났던 것들을 메모하면서 꾸준히 자신을 만나보십시오. 그러다 보면 내가 어떨 때 화가 나고, 화가 나면 왜 그렇게 행동하고 말하는지 조금씩 알게 됩니다.

자기와 대화하다 보면 자신의 상처들을 들여다보게 되는 날도 있습니다. 그럴 때 너무 두려워하지 말고 조금씩 내가 볼 수 있을 만큼만 다가가 보십시오. 자주 들여다보면 "내가 이런 상처가 있어서 화가 났구나!"하고 알게 됩니다. 그 상처를 인정하게 되고, 인정하면 할수록 상처로부터 자유로워집니다.

아픈 상처는 아픈 시간만큼 지나야 치유가 됩니다. 상처에 새살도 돋아야 상처를 건드려도 아프지 않습니다. 조급하게 생각하지 말고 시간을 두고 천천히 나아가십시오.

자기와 대화하다 보면 나와 친밀해집니다. 나의 내면의 음성에 귀 기울이게 됩니다. 소홀히 했던 나의 희로애락의 감정과 친해집니다. 내가 나와 친해질 때 내 마음을 지킬 수 있습니다. 나를 있는 그대로 좋아하게 됩니다. 함께 시간을 보낼 때 친밀감은 형성됩니다.

<사례 7-1> 나와 대화하기(예시)

- 어렸을 때 사진을 보고 그때 들었던 감정과 추억 돌아보기
- 행복했던 순간, 즐거웠던 순간, 재미있었던 순간 기억하기
- 좋아하는 음식 떠올리기
- 취미, 잘하는 것, 여가 활용 생각해 보기
- 나의 과거, 현재, 미래 목표, 가치관, 생각해 보기
- 종교 생활하기
- 나의 오늘, 한 주간 기분, 감정, 알아차려 보기
- 가족, 친구들, 회사 동료관계 정리해 보기

- 내가 잘하는 것, 내가 하고 싶은 것 하기
- 칭찬받았던 기억들, 사랑받았던 기억들 떠올리기
- 나의 아픔, 상처, 속상하고 억울했던 기억들 돌아보기
- 지금 나의 희로애락 살펴보기

(2) 자신에게 '격려의 말(선한 말)' 해주기

부모는 자식을 사랑했던 기억이 많고, 자식은 부모에게 혼난 기억이 많습니다. 같은 사건인데, 기억이 다 다른 이유는 무엇일까요? 기억은 인지기능이지만, 정서와 관련이 깊습니다. 그 당시 나의 정서에 따라 기억이 왜곡되기도 하고, 변형도 일어나며, 무의식에 묻히기도 합니다.

부모는 자식이 건강하길 바라는 마음으로 살쪘다고 밥 조금만 먹으라고 말합니다. 그 말을 듣는 A양은 "내가 밥 먹는 게 그렇게 싫은가?"라고 생각해서 상처를 많이 받았습니다. 시간이 갈수록 A양은 부모에 대한 분노와 갈등이 쌓여서, 밥에 대해 왜곡하여 기억에 저장합니다.

A양은 특목고에서 1, 2등을 다투는 재원이었습니다. 목표했던 대학에 떨어지고 재수하면서 친구가 "너는 왜 그리 뚱뚱하니"라고 장난으로 던진 말이, 엄마가 했던 말과 연합해서 A양 가슴에 상처가 되었습니다. 그날 이후로 공부가 손에 잡히지 않고, 계속 "난 뚱뚱하다.

못생겼다."라고 되뇌게 되었습니다.

제수, 삼수, 사수. 10년을 대학 공부하다 가출하고 나서야, 저를 만나러 왔습니다. 공부를 잘했던 고등학교 때만 생각하고, 올해는 "서울대 붙겠지."라고 부모도, A양도 미련을 못 버렸습니다. 남자였으면 군대 때문에 3년이면 끝날 일을, 10년이란 긴 세월을 아깝게 흘려보냈습니다.

A양처럼 부정적인 말(악한 말)을 반복적으로 어린 시절부터 들으면, 자신도 모르게 자신의 외모에 부정적 관점이 생기게 됩니다. 자기도 모르게 "나는 사랑받을 만한 사람이 아니고, 나는 가치가 없으며, 나를 좋아하는 사람은 없을 거야."라고 왜곡된 생각을 하게 됩니다.

어릴 때 칭찬과 격려를 받고 자랐으면 좋았겠지만, 지금도 괜찮습니다. 이제 내가 나에게 격려의 말, 위로의 말, 힘이 되는 말을 건네면 됩니다. 이것은 '선한 말'입니다.

"실수해도 괜찮아."

"다시 해보자."

"그럴 수도 있지."

긍정적인 말(선한 말)을 계속해서 내가 나한테 해주면 부정적인 나의 관점이 어느 순간 긍정으로 변하게 됩니다. 가트너 박사는 긍정적인 말(선한 말)과 부정적인 말(악한 말)은 4 : 1이라고 합니다. 부정적인 말 한번 들으면, 긍정적인 말 4번을 들어야 상쇄됩니다.

긍정적인 말(선한 말)을 반복하다 보면 긍정적인 경험을 하게 되고, 긍정적인 경험이 자신감을 회복시킵니다.

(3) '지금 나는 성장하는 중'이라고 생각하기

목표만 바라고 살면, 목표를 성취하고 난 후에는 허무함을 느끼게 됩니다. 서울대를 목표로 고등학교 때부터 하루에 3~4시간씩만 자고 공부만 죽어라 한 A군이 있었습니다. 그렇게 소원하던 서울대 경제학과에 붙었습니다. 그 순간은 너무 행복하였습니다.

그러나 바라던 학교에 입학했는데, 3개월 만에 행복함이 사라지고 허무가 찾아왔습니다. 3년 동안 바라던 목표를 이루었지만, 행복한 것은 잠깐이고, 모든 것을 포기하고, 공부에만 모두 넣었던, 자신이 싫어지기 시작합니다. 잠도 오지 않고, 불안하여 결국 학교를 자퇴합니다. 부모는 좌절하고, A군은 '조증'(신경증의 일종)으로 진단받아 상담과 약물치료를 받았습니다.

결과의 성공이 오히려 화가 된 사례입니다. 공부 잘해서 좋은 대학에 가고 돈 많이 버는 것이 인생의 성공이 아닙니다. 어떻게 하면 내가 행복하게 살면서, 내가 하고 싶은 일을 즐겁게 할 수 있는지 생각해 보아야 합니다. 삶의 목표를 다시 잡아보십시오. 지금 나는 성장하는 중입니다. 죽을 때까지 성장해 나가는 것이 인생임을 기억하십시오.

결과보다는 과정에 초점을 맞추고, 그 과정과 과정을 연결해서 그때그때 나의 목표들을 이루고 나가는 것입니다. 나에게만 집중하고 성공만 신경을 쓰다 보면, 다른 사람들의 감정과 조화롭게 어울리고 배려하는 법을 배우기 어렵습니다.

결과의 실패가 오히려 성장을 가지고 온 사례도 있습니다. 대학입시에 실패하여 재수하던 젊은이가 있었습니다. 학원 선생님도 최소 서울 중위권 대학은 충분하다고 했습니다. 그러나 수능 시험에 또다시 실패하였습니다. 삼수할 자신도 없었습니다.

애틀랜타에 있는 커뮤니티 대학(2년제 전문학교)에 입학할 수 있는 시험을 서울에서 볼 수 있는 기회가 생겼습니다. 그 대학이 인정하는 교수실에서 수학 시험을 봤고, 높은 성적으로 입학하게 되었습니다. 한국에서 입시 실패가, 오히려 미국으로 유학가게 만든 것입니다.

그 후 애틀랜타에는 있는 '조지아텍'으로 불리는 조지아 공과대학에 편입하였습니다. 3학년 때 전 과목 모두 A를 받았습니다. 이 대학은 미국에서 10위권 안에 드는 명문 중의 명문입니다. 실패가 오히려 성장의 초석이 된 것입니다. '인생은 성장하는 중'이라는 사실이 맞습니다. 이 친구는 졸업 후 석박사를 미국에서 취득할 예정입니다. 앞으로 어떤 인재가 될지 궁금합니다.

결과가 좋든 나쁘든, 젊은 시절에는 뭐든 열심히 해 보는 것입니다. 열심히 하는 경험 자체가 중요합니다. 성실함으로 최선을 다해 보는 자세가 지금 도전해 봐야 하는 시기입니다.

(4) 마음이 힘들 때, 상담이나 정신과 도움받기

살다 보면, 누구한테도 말하기 어려운 이야기들이 있습니다. '부끄러운 일' 일수도 있고, '창피한 일'이나 '화나는 일'이나 '상처받은 일', '다시 생각하기 싫은 일' 일수도 있습니다. 그 일들이 과거에 있었던 일이기도 하고, 현재에 일어난 일들이기도 하고, 심지어 과거부터 미래까지 힘들게 할 일들도 있습니다.

우리 안에 어떤 어려운 일들이 있는지 문제의식이 있어야 합니다. 왜 마음이 괴로운지, 왜 화가 나는지, 마음이 왜 아픈지, 그 문제를 어떻게 해결해야 할지, 알아야 도움을 받을 수 있습니다.

누구에게도 보여주고 싶지 않은 아픔으로 숨이 안 쉬어져도, 잠이 안 와도, 그저 괴로워하고, 힘들게 지내고 있는 사람들이 있습니다. 그런 사람들을 보면 너무 안타깝습니다. 아프면 아프다고 말을 해야 합니다. 불안해서 두려워서 잠이 안 오면, 무엇 때문에 불안한지, 잠이 왜 안 오는지, 걱정하지 말고 적극적으로 그 문제를 해결해야 합니다.

여러분들이 지금 너무 힘들고 지쳐있고, 아무것도 하고 싶지 않고, 다시 상처받고 싶지 않은 상태입니까? 조금 용기를 내보세요. 힘을 내서, 상담소나 정신과를 방문하시기 바랍니다. 다음은 어려울 때 저를 만나서, 인생 180도 방향을 바꾼 이야기입니다.

초등학교 때부터 왕따당한 A양이 있습니다. 맞벌이하는 바쁜 부모에게 이야기하면, "너도 같이 왕따시키고, 때리면 너도 때려, 바보같이 당하고 있니?"라고 말합니다. A양의 속상한 감정과 억울한 마음을 인정하고 이해해 주는 게 먼저인데, 부모는 속상한 마음에 더 화를 냅니다.

이 같은 대화 패턴이 반복되다 보면 A양은 무슨 일이 있어도 부모에게 말하지 못하게 됩니다. 어린 나이에 감당할 수 없는 심리적 고통을 어떻게 하지 못합니다. 살아남기 위해서 죽어라 공부만 열심히 합니다. 드디어 전교 1등을 했습니다. "이제 나를 왕따시키지 못할 거야!"라고 생각했습니다. 그런데 공부를 잘하니까 "더 재수 없는 애"라고 더 왕따시킵니다.

사춘기에 자신이 중요하게 생각하는 사람들과 친밀한 상호작용을 경험해야 합니다. 이 시기에 친한 사람들과 상호작용을 하지 못하면, 타인에 대한 공감 능력이 떨어지고 이해와 배려를 배우지 못합니다. 이렇게 되면 성인이 돼서도 사회성에 영향을 줍니다.

결국 A양은 자신이 바라던 대학에 떨어지고, 방에서 나오지 않은 채 리니지 게임에 빠지게 됩니다. 게다가 자살 사이트에 접속한 것이 발각되어서 자신은 죽지 못했습니다. 그날 약속한 사람은 모두 다 죽었다고 합니다. 그런 상태에서 A양을 처음 만났습니다.

"쌤, 저는 죽을 거니까 상담 안 받아요. 감시가 소홀해지면, 다시 자살 사이트에 가서 죽을 거예요."

"그렇구나. 그럼 나랑 10번 만나고 죽으면 어떨까?"

"어차피 죽을 건데. 상담 뭐 하려 해요."

"그래도 그렇게 해 보자."

저는 리니지 게임을 배워서 A양과 친밀감을 형성하였습니다. 다행히 리니지 게임 이야기로 A양의 마음이 조금씩 열리게 되었습니다.

상담을 통해 완전히 마음은 치유되지 않았지만, 내신 성적이 높아 수시로 대학에 입학했습니다. 열심히 공부해서 장학금도 받았습니다. 동급생 동생들에게 공부를 가르쳐주니까, 따르는 사람들이 많아졌습니다. 자연스럽게 자신감이 생기게 되었습니다.

교환학생으로 핀란드에 가서 1년 공부하고 와서 졸업했습니다. 그 후 영국에서 석사를 했고, 풀브라이트 장학금을 받았으며, 지금은 코넬 대학 박사과정에 있습니다. 바이오를 전공하고 있으며 앞으로 창업하려고 합니다. 방학 때 한국에 돌아와 비슷한 고민하던 친구들에게 이렇게 이야기했습니다.

"어려울 때 나를 도와줄 상담 선생님을 만나는 것이 중요해요."

"혼자 해결할 수 없어요."

힘들 때마다 원망하고, 불평하고, 분노를 분출하고, 자신을 포기하면 곤란합니다. 오히려 가능한 한 빨리 문제해결을 위해, 사람을 만나야 합니다. 상담소나 정신과 선생님의 도움받기를 조언합니다.

창업의 어려움에 관한 인터뷰와 전문가의 조언

'10/20/30 법칙'이 있습니다. 앞의 10은 창업에 성공할 확률이 10%라는 사실입니다. 10번 창업하면 평균적으로 1번만 성공한다는 의미입니다. 가운데 20은 실패한 창업자가 재기해서 두 번째 창업하면, 성공 확률이 20%로 올라간다는 의미입니다. 창업의 세계에서는 여러 번의 실패가 성공의 기초가 되는 것입니다. 정부자금 지원 심사에서도 실패한 경험은 가점을 주기도 하고, 재도전 창업을 만들어 재기하는 창업자를 지원하는 프로그램도 있습니다. 아마도 이런 철학을 반영하는 것으로 생각합니다.

마지막 30은 성공한 창업자가 다시 창업할 경우 성공 가능성이 30%가 된다는 것입니다. 성공한 사람은 뭘 해도 성공한다는 의미로 들립니다. 창업에서 한 번의 성공체험은 미래 창업의 성공 가능성을 높여 주는 효과를 가져옵니다.

이번 장에서는 역경을 극복하여 승승장구하는 분과 창업에 성공했다가 다시 어려움을 당해 실패한 두 분의 이야기를 들어보려고 합니다. 추가로 창업전문가로서 직접 창업에 성공하고 한 분은 교수로, 또 한 분은 벤처투자가로 활동하는 분들이 있습니다. 역경에 대한 그분들의 의견을 함께 들어보려고 합니다.

창업은 성공하든 실패하든 다 의미가 있습니다. 최근에 카카오에 인수·합병이 된 지그재그 창업자의 이야기를 들은 적이 있습니다. 30대에는 앱 개발 창업으로 번번이 실패해서 암울하게 보냈다고 합니다. 그러다가 지그재그 성공으로, 카카오에 1조 원대에 인수되어 현재 그 사업부를 운영하는 대표가 되었습니다. 여러 번의 실패가 성공의 기초가 되어, 큰 성공으로 연결된 것입니다. 이런 의미에서 실패는 훈장과도 같습니다.

이제 현장에서 뛰고 있는 스타트업 창업자와의 인터뷰와 전문가들의 조언을 통해, 창업의 어려움과 역경의 문제를 다루어 보도록 하겠습니다.

(1) '에바' 창업자들과의 인터뷰

'에바'는 2017년 삼성전자 C랩으로 시작해 삼성전자 자체 과제 평가 1위에 선정되었으며, 2018년 11월에 법인을 설립한 전기차 충전 솔루션 개발 기업입니다. 삼성전자에서 스핀오프(spin-off, 분사창업)한 35호 기업이 되었습니다. L 대표와 S 부사장, IT 담당 등 3분이 공동 창업한 기업입니다. 그분들은 직장생활을 15년 정도 하고, 40대에 창업하였습니다.

최근에 CES 2022에서 2개 부문의 혁신상을 받았습니다. 스마트시티와 지속가능성, 에코디자인 & 스마트에너지 분야입니다. 투자 부문에도 삼성전자, 네이버 D2SF, 현대자동차, GS글로벌, SK렌터카, ETRI, 슈미트, DSC인베스먼트 등에서 투자받았고, 55억 원의 시리즈 A 투자를 성공적으로 유치하였습니다. 매출도 올해 60~70억 원 수준 정도까지 상승이 예상됩니다. 작년에는 6억 원 수준이었습니다. 작년과 비교해 10배 정도 상승한 것입니다.

저와는 2020년에 판교 글로벌 액셀러레이터 과정에서 만났습니다. 제가 이 회사의 리드 멘토로 선정되어서, 1년간 집중 멘토링하면서 친해졌습니다. 작년 2021년에는 시장조사보고서와 전문가 인터뷰 용역을 저희 사단법인이 수행하면서, 더 자세하게 알게 되었습니다.

제가 L 대표를 처음 만나고 제 머릿속에 인상 깊게 남아있는 잔상이 있습니다. 안전 규제에 관한 내용이었습니다. 당시 태양광 에너지 저장장치 화재가 계속 발생하면서, "가만히 있는 ESS도 불이 나는데, 이동하는 충전 카트는 더 불안한 것이 아닌가?"라는 인식이 있었습니다. 그래서 제주도 전기차 실증사업을 못 하게 되었습니다. 이것이 첫 번째 어려움이었습니다.

L 대표는 매일 담당 공무원을 찾아갔습니다. 그 담당 공무원이 물어볼 때까지 기다렸다고 합니다. 문제를 해결하겠다는 결의를 몸소 보여준 것입니다. 대표의 인내에 공무원도 마음이 움직였는지, 전문가들의 의견을 전달하며 설득하였다고 합니다. 저는 그 이야기를 듣는 순간, "이 회사는 잘 될 거야!"라는 확신이 들었습니다. 마침내 안전 조건을 준수하는 조건으로, 제주도 전기차 충전서비스 규제자유특구사업에 실증사업자가 되었습니다. 이후 무사히 실증사업을 마쳤습니다.

2020년 처음 만났을 때 L 대표를 통해 안전 규제라는 외부적 역경을 슬기롭게 극복한 이야기를 들었습니다. 저는 그 당시 이런 대표라면 향후 어떤 난관과 문제가 생기더라도 모두 잘 해결할 것이라는 생각이 들었습니다.

두 번째 어려움에 관한 이야기는 S 부사장에게 들었습니다. 세상에 없는 상품을 만들 때는 현행법과 배치되는 부분이 많은 것이 가장 어렵다고 합니다. 다행스러운 것은, 대한상공회의소에서 동사의 서비스를 정리한 후, 관련 부서(산업부, 중기부 등) 등과 협의하여 '규제샌드박스'를 통한 실증작업이 진행되도록 도와주었다고 합니다. 현행법과의 충돌을 피하면서 해결 과정을 탐색하는 것입니다. 이런 규제는 스타트업이 생존하는데 반드시 넘어야 할 큰 걸림돌입니다.

세 번째 어려움은 테슬라 자동차를 충전할 때 충전기 이상이 자꾸 발생한 것입니다. 도대체 그 원인을 찾기가 어려웠습니다. 테슬라 충전기를 분해해서 충전기의 저항값을 측정해 보았다고 합니다. 에바의 충전기 저항보다 낮은 부품을 사용한 것을 발견하고, 결국 테슬라의 충전기 저항과 같은 부품을 교체하면서 문제가 해결되었다고 합니다.

이뿐만 아니라 중국산 부품의 품질 문제라든가, 와이파이와 블루투스 간의 충돌로 생긴 제품의 문제들도 연이어 발생하였습니다. 문제가 생길 때마다 경영진과 직원들이 하나하나 해결해 나가고 있습니다. 현재까지는 큰 어려움 없이 잘 해결하고 있는 것 같습니다.

역경이나 난관은 크게 내부적인 역경과 외부적인 역경으로 나눌 수 있습니다. 대개 정부 정책이나 안전 규제 등 외부 환경이 더 어렵다고 생각합니다. 반만 맞는 이야기입니다. 새로운 혁신 상품을 만드는 경우, 대개 정부 정책이나 법을 바꾸어 가면서 해결해야 합니다. 그것을 성공한다면 에바처럼 내부 직원들에게는 자부심과 진입장벽을 이겨낼 수 있는 힘을 얻을 수 있습니다.

"지금까지 창업한 후 어려움이 생길 때마다 슬기롭게 잘 극복해 온 것 같습니다."
"현재 대기업 중심으로 시장이 재편되고 있는 느낌입니다."(사례 8-1 참조)

"앞으로 예상되는 어려움과 난관은 무엇입니까?"

"이러한 대기업들의 합종연횡을 잘 주시하고 있습니다."
"저희도 좋은 파트너를 찾고 있습니다."
"저희는 하드웨어만을 판매하는 회사가 아니라, 충전산업 전체 생태계를 만드는 꿈이 있습니다"

창업 4년 차에 걸맞게 차근차근 잘 성장하는 것 같습니다. 저는 100억 넘어가면서 생기는 고정비에 대한 위험을 이야기하였습니다. 내년까지 경기가 불투명하기에, 운영에 필요한 자금 확보를 위한 여러 조치를 강구하고 있습니다.

> <사례 8-1> 전기차 충전기 시장 : '스타트업 인수 러시'
>
> - 2020년
>   LG전자, GS칼텍스와 전기차 충전소 통합 관리 솔루션 선배
> - 21년 04월
>   SK, 전기차 충전기 업체 '시그넷이브이' 인수…. 2932억원에…
>   현대일렉트릭, 친환경 에너지 거래·전기 충전사업 진출
> - 21년 6월
>   SK에너지, 전기차 충전소 확장에 속도…… 소프트베리와 손 잡

았다.

SK렌터카, 제주에 대규모 전기차 충전거점 추가 구축

- 21년 7월

지엔텔·GS에너지, 전기차 충전사업 맞손… 합작사 '지커넷' 출범

- 21년 8월

현대차·한국전기차충전서비스 경영권 인수 추진

- 21년 10월

LG엔솔, 韓배터리사 첫 '전기차 충전사업' 진출… 내년 2곳 문 연다.

롯데정보통신, 전기차 충전기 '중앙제어' 인수

신세계아이앤씨, 전기차 충전 사업 본격 진출

- 21년 11월

LS ELECTRIC·롯데글로벌로지스, 전기차 충전사업 '맞손'

LG전자, 전기차용 충전기 출시… 대기업 최초

쿠팡, 전기차 충전사업 진출? … 대영채비와 충전솔루션 개발 …

- 22년 1월

롯데렌탈, 3분기 이동형 전기차 충전 시장 진출

SK네트웍스, 전기차 CPO '에버온' 2대 주주로… 모빌리티 사업…

전기차 충전 플랫폼 소프트베리, 80억원 투자 유치

- 22년 3월

LG엔솔, 전기이륜차 배터리 충전시장 진출한다

SK E&S, 미국 전기차 충전사 에버차지 인수

한화, 전기차 충전사업 진출 초읽기
- 22년 4월

  LS그룹, 전기차 충전 기업 'LS이링크' 신설...E1과 합작법인

  휴맥스 모빌리티, 제주전기자동차서비스 인수 … 전기차 충전

  현대자동차그룹-롯데그룹-KB자산운용, 전기차 초고속 충전 인프라 확충 위한 SPC 설립 추진 협약 체결
- 22년 5월

  한화큐셀, 전기차 충전사업 진출… 브랜드명은 '한화모티브'
- 22년 6월

  ... LG전자, 전기차 충전업체 애플망고 인수...
- 22년 8월

  위니아에이드 전기차 충전기업 '파워큐브코리아'와 업무

  삼성화재 찾아가는 전기차 충전서비스 시작

(2) 메디퓨처 대표와의 인터뷰

'메디퓨처' 대표는 증권회사 임원에서 퇴임한 후, 유방암 진단기를 제조하는 회사를 창업했습니다. 2006년, 대표가 40대 후반 때의 일입니다. 특이한 이력을 소유한 경우입니다. 대개 기술을 가진 대표가 창업하는 것이 일반적입니다. 그런데 증권회사에서 기획과 마케팅 전문가가 창업하였으니, 매우 이례적인 일입니다.

저는 이 질문을 처음으로 하였습니다.

"보통 의료 전문기술자가 창업하는 것이 일반적인데, 증권회사 출신이 창업했다고 질문을 많이 받으시지 않으셨어요? 특별한 사유가 있었습니까?"

"은퇴 후에 후배가 하는 회사 비알테크에서 CFO를 1년 했습니다. 그러다가 서울대 영상의학과 교수의 제안으로 창업하게 됩니다. 국내에 없는 제품을 만들어야 하겠다고 하던 차에 유방암 진단기를 만들게 되었습니다."

저와 대표님과의 관계는 제가 증권회사 시절 기획실에서 저의 팀장으로 모셨던 회사 상사입니다. 최근에 글로벌 진출하는 의료 스타트업 멘토링으로 제가 도움을 받아서, 자연스럽게 창업 이후 사정을 알게 되었습니다.

첫 번째로 어려웠던 것은, 2006년에 창업하고 제품 개발을 하던 시기였다고 합니다. 시제품을 만들었으나, 고객이 요구하던 제품이 아니었습니다. 처음부터 다시 버전 2를 만들었다고 합니다. 시제품이 잘못되었을 때 조금의 수정이 아니라, 다 허물고 새로 시작해야 하는 결정을 했을 때 참 어려웠다고 합니다. 창업에서 가장 중요한 것은 고객의 끊임없는 피드백을 받으면서 제품다운 제품이 되도록 계속 수정하며 업그레이드해야 합니다. 고객이 원하는 제품을 만드는 것이 가장 먼저 해야 할 창업과제입니다. 특히 의료 장비의 경우는 더 그렇습니다. 그 당시 마음고생을 참 많이 했다고 들었습니다.

2009년에 첫 매출이 일어났습니다. 창업 4년 차입니다. 조그만 소형병원에 납품이 되었고, 이란으로 첫 수출도 되었습니다. 더욱 극적인 것은 2010년에 대형병원에 처음 매출한 일입니다. 그것도 삼성 강북병원이었습니다. 외국 수입품을 쓰던 대학병원에서 창업한 지 5년차인 메디퓨처의 제품을 선정한 것입니다. 참 대단한 성과입니다. 그해 인제대 백병원, 분당 서울대 병원에 납품하는 연이은 성과를 창출합니다. 이것은 제품에 대한 시장에서의 인증받은 첫 번째 사례입니다. 해외 제품과 비교해도 전혀 손색이 없음을 공식적인 인정받은 것과 같습니다. 대학병원에 매출하느라고 백방으로 노력해서 고생도 많이 했겠지만, 제일 뿌듯한 성과로 지금도 자부심을 느낍니다.

그 이후 2011년에는 수출 100만 불 수출의 탑, 그다음 해인 2012년에는 500만 불 수출의 탑을 수상하는 쾌거를 달성하게 됩니다. 매출은 100억을 넘기 시작했습니다. 호사다마라고 할까요. 이때부터 잠재적 위험이 발생하기 시작했습니다. 2014년 버전 3의 제품 개발과 2015년에 간접방식의 신제품 개발을 추진하면서 개발 과정에 많은 투자가 진행되었습니다. 매출과 비교해서 과잉투자를 하게 된 것입니다.

이때가 두 번째 어려움입니다. 100억 매출이 일어나면서 기술연구원들과 신제품 개발과 관련한 논쟁을 하게 됩니다. 본인은 고정비를 줄이려면, 개발과 생산을 외주화해야 한다고 주장을 합니다. 그러나 내부 전문가들은 "대표는 기술도 모르면서 그러한 이야기를 한다."라며 직원을 더 뽑아 우리가 직접 생산하는 것이 효율적이라고 주장합니다.

 결국 매출이 정체되면서 연구원의 인건비와 자체 공장 운영경비 등 고정비를 감당하지 못해 2016년에 화의를 신청하게 됩니다. 다음 해에 매각이 결정됩니다. 그때 배운 것이 고정비의 중요성을 배웠다고 합니다. 인력은 소수 정예로 하고, 부품 등은 외주로 개발해야만 비용이 가벼워지게 됩니다. 현금 흐름이 막혀 도산하게 된 것입니다. 뼈아픈 일이 아닐 수 없습니다.

 2017년 매각 우선협상자로 대기업과 중소기업 2개 기업이 경합하였다고 합니다. 본인은 대기업을 선호했지만, 중소기업인 파워택 자회사로 편입하게 됩니다. 지금 돌이켜 생각해 보니, 대기업에 선정되었으면 부채 탕감은 쉬웠으나 바로 해임되어서 이 회사를 떠날 수밖에 없었을 것이라고 합니다. 현재 대주주만 교체되었지, 본인이 만든 회사에서 5년째 대표를 하면서 회사를 회생시키고 있습니다.

 보통의 경우 회사를 성공적으로 성장시켜 대기업에 매각되면 일정 기간 그 회사의 대표를 하면서 인수인계하는 창업자는 많이 보았습니다. 그러나 경영이 어려워 매각된 경우, 회사 대표를 다시 승계하는 것은 매우 드문 일입니다. 5년간 회사를 정상화하면서 본인의 부채도 많이 탕감되었고, 지금까지도 현직에 머무르고 있습니다. 이것이 세 번째 어려움이었고 다행히 잘 마무리되었습니다.

 여기서 배운 교훈은 창업에 실패해도, 매각만 잘해도 새로운 길이 열린다는 사실입니다. 마지막으로 향후 회사의 전망에 관해서 물었습니다.

"러시아에서 큰 물량의 주문이 올 것으로 예상됩니다. 생각 이상의 큰 주문입니다. 정부 차원의 주문입니다. 우리 회사 제품을 러시아 현지에서 조립하여 정부에 납품하는 형식입니다. 상당한 매출로 현금이 쌓이면, 2~3년 이내에 신제품을 개발하려고 합니다. 저 없이도 회사가 잘 굴러가게 만들고, 은퇴하려고 합니다."

메디퓨처 대표님은 창업의 풍파에서도 기적처럼 일어난 산증인입니다. 창업의 세계에서는 이런 대표님이 소중한 자산입니다. 전 재기한 창업자로 해석하고 싶습니다. 아마도 70세쯤이면 본인이 생각한 대로 마무리가 된다고 합니다. 그 회사의 고문으로서 회사를 지속 가능한 회사가 되도록 죽을 때까지 도울 것입니다. 두 번 다시 망하지 않도록 심혈을 기울일 것입니다.

창업에서의 실패 경험은 훈장이며, 메디퓨처 대표처럼 매각을 잘 해서 새로운 성공을 만들어 냅니다. 이렇듯 창업의 세계에서는 참 아이러니한 일이 많이 생깁니다.

(3) 창업전문가의 조언들

아이젠버그 교수는 창업가, 벤처캐피털리스트, 엔젤투자가 등의 현장 경험을 가진 분입니다. 하버드에 11년간 재직하며, 창업가 정신을 가르쳤습니다. 그분의 저서 '하버드 창업가 바이블'(다산북스)에서의 역경에 대한 조언은 자기 사업을 하는 사람들에게 큰 도움이 될 것입니다.

이분의 많은 이야기 중에서 제가 주목했던 부분은 "역경은 여러 가지 원인으로 발생하기 때문에, 창업자가 역경의 근원이 어디인지, 내재적 원인인지 외재적 원인인지 정확히 이해하는 것이 중요합니다."라고 주장한 점입니다.

> **<사례 8-1> 내재적 역경과 외재적 역경**
>
> 역경이 내재적 원인이라면, 활동무대를 바꾸는 것은 큰 도움이 되지 못합니다. 만약 역경의 원인이 외재적 원인이라면 환경이 더 우호적인 곳, 예를 들어 우수 인재를 채용하기 쉽거나, 마음이 열린 고객들과 관계 맺기가 쉽거나, 에인절(Angel) 투자가를 찾기가 쉬운 곳으로 옮기면, 고통스러운 역경을 완화할 수 있습니다. 그뿐만 아니라, 창업가들은 외부적인 역경을 마주할 때마다 자기 내부에서 결단력, 인내력, 유연한 문제 해결력 등이 대응 과정에서 생긴다고 합니다. 심지어는 이러한 외부의 환경을 극복하고 극히 불리한 환경 속에서 성공적인 가치를 창조하는 능력은 오히려 잠재적 경쟁자들을 막는 진입장벽이라고까지 주장하고 있습니다.

창업가 정신을 둘러싼 외부 환경은 다음 6가지 영역으로 구분할 수 있습니다. (1) 공공정책과 리더십, (2) 자금 확보의 가능성과 자금 시장의 상황, (3) 인적자원과 공교육, (4) 고객과 창업가 친화적인 시장, (5) 사회적 규범과 성공스토리들, (6) 창업가정신에 대한 지원 조직들이 외부 환경입니다.

역경의 원인이 외재적 원인이라면 그나마 대응 방법이 있다는 점에서 그 의미를 찾을 수 있었습니다. 그렇다고 외재적 역경을 완전히 해결 가능성이 있다고 이해하면 안 됩니다.

앞서 인터뷰한 에바 S 부사장님이 한 이야기입니다. 에바가 만든 전기차 충전기는 '로드밸런싱' 기술로 1개의 충전기를 2개로 나눠서 사용할 수 있는 충전기술입니다. 그런데 보조금은 1개의 충전기 단위로 처리되는 것입니다. 이 문제를 풀기 위해서 정책 당국자와 한전의 실무자와 많은 토론을 실행했지만, 해결이 안 되었다고 합니다. 외재적 역경이 온 것입니다.

그 와중에 CES(국제전자제품박람회)에서 에바의 신제품이 2개의 혁신상을 타게 됩니다. 이를 축하하기 위해서 찾아온 중소벤처부 장관과의 만남을 계기로, 회사의 애로사항이 전달되었습니다. 그러나 아직도 해결되지 않고 있다고 합니다. 이러한 정부 규제와 보조금 정책에서 발생하는 어려움은 스타트업의 숙명 같은 것인가 봅니다.

아이젠버그 교수님은 역경과 난관의 극복 대안을 인적자산이라고 강조합니다. 자신이 30년간 창업자들을 살펴본 결과, 자원이 거의 없는 곳에서조차, 똑똑하고 교육 수준이 높은 사람을 데려놓으면 그들은 놀랍고도 가치 있는 여러 가지 해결책을 내놓았다고 합니다.

30년간 벤처캐피탈 업무를 한 제 친구도 똑같은 이야기를 한 적이 있습니다. 기술보다는 창업자의 능력, 창업자의 됨됨이, 그와 함께 일하는 팀 구성이 제일 중요하다고 말한 기억이 납니다. 결국 사람을 보고 투자 의사 결정을 한다고 합니다.

창업자에게 역경은 반드시 찾아옵니다. 그 과정을 거쳐 경쟁력 없는 사업 아이디어는 탈락하게 됩니다. 자연스러운 도태 과정입니다. 이것을 극복할 수 있는 것은 인적자산인 사람입니다. 직원 한 사람 뽑을 때도 신중해야 합니다. 사업 동료는 더욱 조심해야 합니다.

투잡러하는 1인 사업가에게 이렇게 조언한 적이 있습니다.

"웬만하면 외부 용역을 주세요."

"그분들은 전문가입니다."

"비싸게 지급해도 됩니다. 4대 보험도 퇴직금 고민도 할 필요가 없어요."

"직원 뽑았다가 마음에 안 들면, 자를 수도 없잖아요."

자기 사업을 도울 직원을 뽑을 때는 신중해야 합니다. 사업의 어려움을 같이 고민해야 하기 때문입니다. 사람 때문에 사업이 성공하기도 실패하기도 합니다. 한 사람의 인재가 10만 명을 먹여 살립니다.

우리나라 창업자가 가장 많이 읽었다는 '하드씽'(한국경제신문사)의 저자 벤 호로위츠의 본인이 사업하던 시절 이야기에 주목해 봅니다. '인재 영입'에 관한 내용입니다. 영업 담당 임원을 뽑는데 무려

20명이 넘는 후보자들과의 면접해도 결정하지 못하다가 21번째에서야 뽑은 이야기가 나옵니다.

그 후보를 한 사람의 임원을 제외하고 전원이 반대하였다고 합니다. 이유가 강점이 부족한 것이 아니라 단점이 너무 많다는 것이었습니다. 이름 없는 서던 유타대학 출신이고, 주변 사람을 불편하게 만들며, 세일즈 베테랑다운 이미지가 풍기지 않는다는 이유입니다. 그러나 75명의 평판 조회를 통해서 드디어 영입합니다. 그 임원이 회사 입사하면서 세일즈에 괄목한 성과를 가져왔습니다. 매출 부족의 역경을 극복하고, 그 후 매각을 통해 큰돈을 벌게 됩니다.

한 사람을 뽑는데 이 정도의 노력을 하는 것을 보면서 왜 사람이 중요한지 깨닫게 되었습니다. 이 책의 저자 벤 호로위츠는 현재 'a16z'라고 불리는 '앤드리슨호로위츠'라는 회사를 설립하였습니다. 페이스북, 트위터, 슬랙, 갓허브를 비롯해 600개 이상의 투자로 크게 성공하였습니다.

그분의 철학을 한마디로 정의하면, "사람이 먼저, 제품은 그다음, 수익은 마지막입니다."라고 합니다. 이것이 역경을 극복하는 비결인가 봅니다.

04

긴 호흡으로 세계 석학과
선배의 이야기를 청취해 보라.

제가 고전 읽기를 시작한 것은 고등학교 때인 것으로 기억됩니다. 이사하면서 TV를 없앴습니다. 그 많은 시간에 공부하기는 싫었습니다. 학교 갔다가 돌아오면 집에 있었던 책장을 살피는 습관이 생겼습니다.

그 당시 일반가정이라면, 한국문학전집과 세계문학전집은 다 있었던 시절입니다. 저는 그때부터 책 읽는 습관이 생겼습니다. 제 기억으로는 이광수의 사랑, 염상섭의 표본실의 개구리, 채만식의 탁류, 김동리의 감자, 심훈의 상록수 등 한국 고전소설을 읽었던 것 같습니다. 해외 고전으로는 톨스토이의 전쟁과 평화, 도스토옙스키의 죄와 벌, 코난 도일의 셜록 홈스 시리즈를 무척 좋아했었던 것 같습니다.

역사에도 관심이 많아 이문열의 삼국지, 일본인이 만든 만화 삼국지, 중국 고전 수호지, 정관정요, 시오노 나나미의 로마인 이야기 시리즈 전부를 읽었습니다. 대학에 와서는 E.H 카의 역사란 무엇인가, 강만길의 해방 전후사의 인식, 한완상의 민중과 지식인, 리영희의 우상과 이성 등 시대의 아픔을 노래하는 글을 접했던 것 같습니다.

회사에 들어와서는 경영 관련 서적을 주로 읽었습니다. 그때 만난 분이 피터 드럭커 교수입니다. 아마도 그분의 모든 책을 읽은 것 같습니다. 지금도 책장에 고스란히 잘 보관되어 있습니다. 모든 책이 드러커 교수님의 책으로 통하는 것 같았습니다. 모든 경영학자의 주장을 따라가다 보면, 결국 드러커 교수님의 저작과 연결된다는 우스갯소리도 있습니다.

최근에 영국의 피터 드러커라고 불리는 찰스 핸디란 분을 만나 그분이 저작한 3권의 책을 만나고 많은 공감을 했습니다. 특히 '삶이 던지는 질문은 언제나 같다.'라는 책이 더 마음에 와닿았습니다. 자식들에게 남기기 위해 틈틈이 적었던 것을 출판한 내용입니다.

그중 열세 번째 편지인 '누구나 세 번의 다른 삶을 살 수 있다', 부제로는 인생의 변곡점을 만났을 때라는 부분이 제일 눈길이 갔습니다. 누구나 인생을 살면서 3번의 기회가 온다는 말과 유사한 생각이 들었습니다. 우리의 진로는 언제나 가능성을 열어놓고 접근하면 된다는 사실을 함께 배웠습니다.

마지막 4부에서는 제가 만난 세계적인 석학 두 분의 이야기를 정리해 보았습니다. 한 분은 앞서 언급한 찰스 핸디란 분이고, 또 한 분은 피터 드러커 교수입니다. 특히 피터 드러커 교수는 제가 평생 존경하는 분입니다. 이분들의 주장이 나름 학문적 배경을 가지고 있음을 알리고 싶습니다.
제 이야기도 담았습니다. 은퇴 후 저도 경쟁력 있는 3가지 삶의 방향을 설정하고 살았습니다. 여러분에게 잘 전달된다면, "이 방향이 맞구나!"라는 생각이 자연스럽게 나올 수 있도록 노력했습니다.

세계 석학의 오래된 조언

　찰스 핸디란 분은 세계적인 경영사상가이며, 사회철학자입니다. 1932년생으로 영국 옥스퍼드대학교를 졸업하고, 다국적 석유회사 쉘(Shell)에서 약 10년간 직장생활을 하였습니다. 본인이 근무한 쉘이라는 거대조직을 '코끼리'라고 비유하기도 하였습니다. 그 후 MIT 경영대학원을 거쳐, 영국에 미국식 MBA을 도입하였습니다. 그것이 런던 비즈니스 스쿨입니다. 자신의 예측을 실천으로 옮겨 벼룩의 삶(프리랜서)을 살았습니다. 작가로, 강연자로, 경영사상가로, 또 BBC 라디오 고정 출연자로 지금까지 다양한 프리랜서의 삶을 살아가고 있습니다.

　반면에 '경영의 아버지'라고 불리는 피터 드러커 교수는 1909년 오스트리아 빈에서 태어났으며, 1931년에 독일 프랑크푸르트 대학교에서 법학박사 학위를 취득했습니다. 1933년 런던에 이주해 경영평

론가가 됐으며, 1938년 이후 미국의 사라로렌스대학, 베닝턴대학, 뉴욕대학 등에서 강의했습니다. 다양한 저술 활동과 함께 백악관, GM, IBM, 인텔, P&G, 구세군, 적십자, 코카콜라 등 세계적인 기업과 정부를 비롯한 비영리 조직 등을 컨설팅하기도 하였습니다. 그분은 2005년에 돌아가셨습니다.

저는 이분들의 저서 중에서 인생의 후반부의 삶에 대해 분석한 글을 발췌해서, 다시 읽어 보려고 합니다. 이분들의 저서는 최소 20~30년 전에 출판되었으나, 현재의 '정년 이후의 삶'에 대해 좋은 충고를 담고 있습니다.

(1) 영국의 석학 : 찰스 핸디의 충고

가. 포트폴리오 인생 (찰스 핸디, 포트폴리오 인생, 에이지)

찰스 핸디가 말하는 '포트폴리오 인생'이라는 것은, 프리랜서가 되어서 여러 가지 일을 포트폴리오로 만들어서 일하는 삶을 말합니다. 그들은 시간제로 일하고, 대개 회사에 소속되어서 일하지 않습니다. 1인 개인 사업가로서 삶을 살아가는 인생인 겁니다. N잡러입니다.

그분은 다국적 석유회사인 쉘에서 직장생활을 했고, 영국에 미국식 MBA를 처음 도입하여 교수와 학자로서 삶을 살다가, 49세 은퇴하였습니다. 그 후 자신의 삶을 집필한 이 책을 70세에 썼습니다.

제일 공감했던 부분은 월급쟁이 생활하다가 49세에 프리랜서로 삶으로 전환하였을 때의 심정을 기술한 글입니다. 우리는 보통 이것을 "잘렸다."라고 표현합니다.

<사례 9-1> 은퇴 후 느낀 소감

자유에 대한 기대는 매력적으로 보이지 않았습니다. 포트폴리오 생활자가 되는 것이 이론으로 생각했던 것보다 훨씬 어렵다는 것을 절감했습니다. 더구나 첫 시도일 때는. 평생 나는 해야 하는 의무, 걸려오는 전화, 전달되는 이런저런 서류 등에 대처하면서 살았습니다. 나름대로 창의력을 발휘하며 주도적으로 살아보려고 노력한 것도 사실이지만, 근본적으로 내 인생은 외부에서 주어지는 지시, 외부에서 나한테 기대하는 바에 따라 움직였습니다.

이제는 서류함에 신문 이외에 아무것도 없었습니다. 참석해야 하는 회의도 없고, 답신해줘야 하는 전화도 없고, 지켜야 할 약속도, 목표도 평가도 없었습니다. 너무 좋을 것으로 생각했지만, 막상 당해보니 기쁘지 않았습니다. 오히려 당황스러웠습니다. 안전하게 보호되었던 감옥에서 열린 세상으로 나가는 일을 과소평가하지 않기로 했습니다. 이는 생각보다 어렵습니다. 불편하고 답답했지만, 나름 안락하고 비좁은 동굴에서 나와 깊이가 얼마나 되는지, 밑바닥이 어떻게 생겼는지도 알 수 없는 허공에 발을 디딘 기분이었습니다.

은퇴에 대한 본인의 심정을 매우 디테일하게 담아내고 있습니다.

저도 비슷한 느낌이었습니다. 저는 55세에 느꼈는데, 저보다 더 이른 나이에 은퇴했으니 충격이 더 했을 겁니다.

프리랜서 삶에서 가장 중요한 것이 무엇인지에 본인 스스로 정리한 내용에도 역시 '좋아요'를 누를 수밖에 없었습니다. 저도 이분과 같은 생각을 하였습니다. 동서양이나 삶에 관하여서는 크게 틀리지 않은 것 같습니다.

그분의 충고에 집중해 봅시다.

> **<사례 9-2> 프리랜서의 삶에서 가장 중요한 것**
>
> 고결한 철학과 명상, 깨달음에도 불구하고, 무소속으로 일하기 시작한 초기에 가장 문제가 된 것은, 역시 돈이었습니다. 사실 초기만이 아니라 이후에도 돈은 항상 문제가 되었습니다. 특히 돈이 어디서 언제 들어올지는 예측하기가 너무 힘듭니다. 주체적인 삶을 산다고 해서 반드시 삶의 가장 필수적인 부분, 즉 재정 문제를 통제할 수 있는 것이 아니라는 사실입니다.

이 노회한 사회철학자는 일감이 안정적으로 들어올 때까지 7년이 걸릴 수 있다고 경고하고 있습니다. 일감이 대기하고 있지 않습니다. 프리랜서 자신의 능력을 홍보해야 하고, 더욱이 고객들이 인정하기까지 시간이 걸립니다. 맞습니다.

저의 경우는 이건 그룹에 감사와 학교 강사로 몸담으면서 매달 현금흐름을 예상할 수 있었습니다. 그러나 대부분 프리랜서는 불규칙하게 수입이 발생합니다. 안정적으로 바꾸려면 시간이 엄청나게 걸립니다. 핸디는 그것을 7년이라는 구체적인 숫자까지 말하고 있습니다. 숫자 자체보다 그런 현금흐름이 어렵다고 받아드리는 편이 올바른 해석으로 보입니다.

지혜로운 방법은 1~2일 정도 특정 회사에서 일을 통해 고정적인 수입을 확보하는 방법도 그 대안이 될 수 있습니다. 프리랜서는 고정적인 수입을 주는 일을 찾는 것이 매우 중요합니다. 이것을 찾으면 오래 버틸 수 있는 기반이 됩니다. 심리적 안정도 확보할 수 있습니다. 매우 중요한 내용입니다. 명심하십시오.

나. 코끼리와 벼룩(찰스 핸디, 코끼리와 벼룩, 푸른 숲)

찰스 핸디 교수는 21세기가 시작된 2001년에 지난 세기말 20년 동안의 경험을 바탕으로 앞으로 21세기의 첫 20년 동안 전개될 세상과 개인의 모습을 예측하기 위해 '코끼리와 벼룩'을 펴냈습니다. 여기서 코끼리는 거대조직을 상징하고, 벼룩은 프리랜서 생활하는 개인을 의미합니다. 부제로 '거대조직에 기대지 않고 프리랜서로 단단히 살아가는 법'이라고 적혀있습니다.

저는 이 책에서 구체적으로 프리랜서로서 '남들과 다른 나만의 브랜드를 가지는 방법'에 대해서 작성한 내용이 좋았습니다. 프리랜서로 내가 살아가기 위해서는 나를 고용해서 고객이 돈을 지급해줘야 합니다. 누구나 할 수 없는 일을 가져야 하고, 그것을 홍보해야만 고객으로부터 주문이 들어오기 때문입니다.

(1) 우선 먼저 남들과 다른 나만의 차별화를 가져가는 방법에 대해 이분이 한 말을 인용합니다.

> **<사례 9-3> 남들과 다른 차별화 방법**
>
> 다른 세계로 걸어 들어가서 보고 듣고 살리십시오. 그런 다음, 그런 견문을 당신의 세계를 새롭게 조망하는 수단으로 삼고, 그 새로운 개념을 부지런히 사용해 의식 일부분으로 만드십시오. 만약 그 개념이 차이를 만들어 내지 못한다면, 재빨리 내다 버리고 다른 곳으로 다시 가서 찾도록 하십시오.
>
> 나는 경쟁자의 책을 읽는 것을 중단했습니다. 그 대신 차별화 개념을 찾기 위해 다른 분야의 역사책, 전기, 소설들을 닥치는 대로 읽기 시작했습니다.
>
> 이런 주장 기초가 된 것이 바로 미국학자 도널드 숀이 쓴 책 <개념의 재배치>에서입니다. 과학적인 획기적인 돌파구는 생활 속의 어떤 분야에 있는 아이디어를 빌려다가, 생활의 다른 분야에 하나의 비유로 적용할 때 발생합니다.
>
> 예를 들어, 프랜시스 크릭과 제임스 왓슨은 이중나사선이라는 생활 속의 모형을 빌려 유전공학에 하나의 비유로 적용해 DNA의 신비를 풀어냈습니다.

"전혀 다른 분야에 가서 나만의 차별화 방법을 찾으라."라는 구체적인 방법을 제시하였습니다. 이것을 '엿보기 학습'이라고 부릅니다. 이분은 간혹 장난삼아 본인을 기업 염탐꾼으로 규정하기도 합니다. 그런 관점에서 남의 것을 엿보는 것이, 아주 강력한 학습 방법이라고 거듭 주장합니다.

이런 실제 사례로 임원 교육 에피소드를 소개합니다. 간부교육을 요청한 사장에게 전통적인 교육 방법은 시간 낭비라고 하였습니다. 그 대안으로 소수의 뛰어난 관리자나 반장을 선발하여 전혀 다른 회사로 보내 시찰하게 하는 것을 제안하였습니다. 그 후 2년 동안 다른 회사들을 시찰하고 새로운 아이디어를 수집, 비교해 가장 좋다고 판단되는 아이디어를 결정했습니다. 그것을 회사의 변화 프로그램의 핵심으로 삼았습니다.

이 교육방식은 개인적으로 아무것도 가르치지 않았지만, 가장 성공적인 교육 프로그램 중 하나가 되었다고 합니다. 그저 배우는 데에만 그쳐서는 안 되고, 그렇게 엿본 아이디어를 실천에 옮길 수 있어야 한다고 합니다.

(2) 두 번째는 자신의 브랜드를 홍보하는 것입니다. 이에 대한 이분이 제안하는 홍보 방법은 바로 "책을 써라."입니다.

> **<사례 9-4> 나만의 브랜드 홍보 방법**
>
> 책을 쓰면 출판사는 그 책을 홍보하라고 요구합니다. 그래서 각종 인터뷰나 기사를 주선해 줍니다. 그 과정에서 나는 나 자신을 홍보하고 또 나의 브랜드를 알릴 기회를 잡았습니다. 이런 방식으로 홍보한 결과 나타나기까지 이태 정도가 걸렸습니다. 결국 중요한 것은 입소문, 만족해하는 고객, 성공적인 프로젝트이기 때문입니다. 이 과정은 미래를 위해 씨앗을 뿌리고 기다리는 것과 같습니다.
>
> 먼저 책을 써 놓고 필요하다면 자비 출판이라도 해야 합니다. 내 아내는 사진집 두 권을 그런 식으로 냈습니다.

저도 책을 두 권 썼습니다. 한 권은 '취업을 잘하는 종족'이란 책인데, 취업에 관련된 것입니다. 또 한 책은 '2030 창업 길라잡이'라는 책인데, 창업에 관련된 것입니다. 이 두 책 덕분에 '취업과 창업전문가'라는 나만의 브랜드를 갖게 되었습니다.

(2) 미국의 석학 : 피터 드럭커의 충고

경영학의 그루로 불리는 피터 드럭커 교수는 '프로페셔널의 조건'에서 인생의 후반전을 준비하라고 주장하였습니다.(피터 드럭커, 프로페셔널의 조건, 청림출판) 그 이유는 개인의 평균 수명과 평균 근로 수명, 특히 지식근로자의 평균 근로 수명은 매우 급속도로 증가했지만, 기업의 평균 존속기간은 실질적으로 감소하고 있기 때문입니다. 게다가 기술의 변화가 매우 빠른 시대, 세계화로 인해 경쟁이 증가하는 시대, 그리고 엄청난 변혁의 시대를 맞이해 기업의 성공적인 존속기간이 앞으로도 계속 단축될 것이 분명합니다.

이 이야기는 회사가 우리를 고용하면서 지속 성장하기 어렵게 된다는 의미입니다. 즉, 우리는 이제 100년을 사는데, 기업은 100년도 유지하지 못하고 여러 원인으로 도산해서 사라지게 된다는 의미입니다. 그에 따라 우리는 남은 인생의 후반부를 위해 새로운 경력을 쌓고, 새로운 기술을 익히며, 정체성을 새롭게 확립하고, 더 많은 새로운 관계를 개발해야 합니다. 이런 준비는 인생 후반기 들어서기 훨씬 이전부터 시작해야 한다고 하였습니다.

우리가 주장했던 투잡러와 유사한 개념으로 그것을 설명하였습니다. 그분이 인용한 사례는 직장생활하면서 관심 있는 분야의 일에 창업을 시도한 이야기입니다. 피터 드러커 교수가 제시한 다음의 예시에 집중하기를 바랍니다.

<사례 9-4> 투잡러 이야기

어느 변호사는 35세 때 자신이 거주하는 지역에 있는 학교에서 자원봉사자로서 법률 업무를 했고, 40세 때에는 학교의 이사로 선임되

> 었습니다. 50세쯤 되어 상당한 재산을 모았을 때, 그는 '모델 학교'를 세워 운영하면서 자기 사업을 시작했습니다. 그러면서 그는 지금도 여전히 젊은 변호사 시절에 도와준 적이 있는 어느 대기업에서 주임 법률 고문으로 근무하고 있는데, 그것도 풀타임으로 일하고 있습니다.

이 사례의 변호사는 직장생활을 하면서 동시에 '모델 학교'를 세워 자기 사업을 하고 있습니다. 투잡러입니다. 은퇴 한참 전인 50세에 시도하였습니다. 우리가 2부에서 다루었던 통역사로서 직장생활하면서, 쇼핑몰을 자기 사업으로 하는 분과 같은 내용을 담고 있습니다.

맞습니다. 2030 세대 여러분, 시도해 보세요. 관심 있는 분야에서 부업을 해보세요. 직장생활을 하고 있으므로, 망해도 고정 수입이 있으니 생활은 가능합니다. 리스크 테이킹이 된다는 이야기입니다. 성공할 때까지 시도해 보세요. 그러면 정년 없는 삶을 살 수 있습니다.

우리는 부업을 하지 않는 세대였습니다. 그래서 후회가 많습니다. 정년 이후 삶에 경쟁력이 없게 된 것입니다. 회사에 충성하느라 자기 사업 구상이나 부업을 할 시도조차 못 하는 세대였습니다. 그러나 요즈음 2030 세대는 이런 시도가 매우 자연스러워진 것 같습니다. 직장생활하면서, 한 번쯤 해 보면 좋을 것 같습니다.

투잡러 시도 이외에 인생의 후반기 설계 방법으로, 드럭커 교수는 3가지를 더 제시하였습니다.

(1) 정년 전에 하던 일을 그대로 합니다. 그런데 다른 조직으로 옮겨가는 방법입니다. 정년 전에 임원을 하던 분이 중소기업 부사장으로 가서 정년 전에 하던 일을 계속하는 것입니다. 대기업에서 영업 임원 하던 분이 작은 중소기업으로 이직하여서 하던 일을 계속한 경우입니다. 은행 근무할 때 회계일을 하시던 분이 정년 이후에 국가에서 연결된 일로 유치원의 회계처리 업무를 자문한 예도 이에 해당합니다. 우리 주위에 제법 자주 볼 수 있는 사례들입니다.

정년 이후에 이 정도로 일할 수 있으면 그것은 행복한 것입니다. 제 경우도 이에 해당합니다. 이건산업으로 옮겨 제가 가지고 있던 경험으로 자문해 주는 사외이사 업무를 하게 되었습니다. 너무 감사하게 현재 잘 다니고 있습니다.

(2) 정년 전에 하던 일을 시간제로 주당 10시간, 일주일에 2일만 일하는 경우입니다. 아니면 그 회사의 고문 또는 상담역으로 일하는 경우도 포함됩니다. 완전히 똑같지는 않더라도 임금 피크제를 하면서 다니던 회사에 3~4년 더 다니는 경우입니다.

전문 기술직의 경우 촉탁으로 재고용하는 경우는 많이 보았습니다. 그러나 대부분은 자기 하던 일이 아닌 일을 시간제로 하는 경우가 더 많습니다.

저희 사단법인도 소규모 신생기업인 스타트업에게 일주일 1-2일, 한 달에 10일만 시간제로 일하고, 그 대가로 월 100만 원 정도 지급하는 방식의 일자리를 고려하고 있습니다. 아직 성공한 사례가 없지만, 계속 시도해 보려고 합니다.

(3) 마지막 세 번째 방법은 사회사업가가 되는 것입니다. 이런 부류에 속하는 사람들은 대체로 최초의 직업에서 매우 성공한 사람입니다. 제 친구 경우 벤처투자 펀드도 만들고, 스타트업을 인큐베이팅해주는 일을 합니다. 보통 창업에 성공하여 큰돈을 벌면 그 자금의 일부로 스타트업을 육성하고, 조언도 해주는 사회사업을 하는 창업자들이 많이 있습니다.

저는 큰돈을 번 경우는 아니지만, 친구와 후배들과 함께 5천만 원의 자금을 모아 '시니어공유경제연구원'이라는 취업과 창업을 도와주는 비영리사업을 하고 있습니다. 공익적인 성격을 띠고 있습니다. 3년 만에 겨우 흑자 전환한 신생기업에 해당합니다.

사회사업을 하는 비영리기관이라 하더라도 수익모델을 만들어야 지속 가능한 사회사업을 할 수 있습니다. 지속적인 수익이 가능한 분야를 찾아 계속 시도하고 있습니다.

피터 드러커의 충고 중 저는 직장생활을 하면서 준비해야 한다는 부분에 더 큰 공감을 하였습니다. 투잡러의 삶을 살면서 자기 사업 가능성을 타진해 보라는 조언입니다. 왜냐하면 부업으로 한 사업이 망하더라도 직장생활을 하므로 크게 위험을 낮출 수 있기 때문입니다.

2030 세대에게 전하고픈 나의 이야기

저는 2015년에 은퇴하였습니다. 벌써 8년 차입니다. 저는 한 직장에 27년 근무한 후 55세에 퇴직하였습니다. 직원으로 입사해서 임원으로 퇴임하였으니, 나름 성공한 직장생활이라고 볼 수 있습니다.

저는 산업화 시대의 전형적인 '베이비붐 세대'입니다. 회사를 위해서 열심히 살았습니다. 주말도 반납하고, 회사의 요구에 아무 저항 없이 열심히 일했습니다. 그것이 정상적인 삶이라고 생각했습니다. 그 당시 한국의 모든 직장생활하는 사람들은 저와 같은 생각으로 회사에 다녔습니다.

막상 회사를 나오니 어디서도 나를 찾는 사람이 없었습니다. 전화도 오지 않습니다. 처음 은퇴해서 몇 달은 바쁘게 살았지만, 이내 한가해지게 되었습니다. 아들은 미국에서 대학교 3학년을 다녔고, 막내

늦둥이는 초등학교 5학년이었습니다. 무엇인가 소득이 필요했습니다.

회사에서 요구하는 일만 열심히 그리고 성실하게 한 탓에, 독립적으로 아이디어를 구상해서 돈을 벌 수 있는 능력이 안 되었습니다. 은퇴 준비를 전혀 하지 않고, '어떻게 되겠지'하는 막연한 자신감만 가지고 퇴직하게 되었습니다.

8년간 저는 좌충우돌하면서 제2의 삶을 살았습니다. 그 이야기를 3단계로 구분하여 설명하려고 합니다. 그 첫 번째 단계가 투잡러의 삶입니다. 상장회사 감사를 하면서 고정 월급을 받고, 그 외의 시간에 대학에서 강의하면서 추가적인 수입을 올렸습니다.

2단계는 두 권의 책을 쓰면서 취업과 창업전문가가 되었습니다. 한 책은 취업 자소서와 면접에 관한 내용이었습니다. 또 다른 책은 주로 사업계획서 쓰는 방법과 창업마케팅에 관련된 내용이었습니다. 이 책들 덕분에 저는 전문가의 삶으로 살게 되었습니다.

마지막 3단계는 비영리사단법인을 창업해서 회사를 만들고, 지금까지 수익 창출을 위해 노력하고 있습니다. 이 회사는 2018년 10월에 중소벤처기업부에서 인가받고, 11월에 창업합니다. 3년만인 작년에 흑자전환을 겨우 했습니다. 창업의 어려움을 몸소 체험했습니다.

이런 제 경험이 공교롭게 2부에서 2030 세대의 진로 방향인 전문가의 삶, 투잡러, 자기 사업 등과 같습니다. 이 경험을 하면서, '젊었을 때부터 이런 준비를 하였다면 더 좋았을 텐데'하는 아쉬움을 갖게 되었습니다. 동시에 '이 방향이 맞다.'라는 확신도 함께 갖게 되었습니다.

저의 이야기를 통해 여러분이 지금부터라도 은퇴 이후 100세를 준비하는 지혜를 얻기를 기대해 봅니다.

(1) 투잡러의 시작 : 상장회사 감사와 대학 강사

저의 첫 출발은 친구들의 도움이 컸습니다. 한 친구는 마케팅 석사인 저의 경력을 알고 시간 강사 자리를 추천해 주었습니다. 또 한 친구는 L 산업의 감사로 취업하게 근거리에서 도와주었습니다. 고마웠습니다. 이때 처음 친구가 이렇게 중요한지 새삼 느끼게 되었습니다.

저의 첫출발은 일반적이지 않습니다. 특별한 예외라고 보면 됩니다. 퇴직한 분들 대부분은 등산과 여행으로 시간을 보냅니다. 친구들과 당구를 치던가, 골프를 하기도 합니다. 배드민턴 동우회나 탁구 동우회 활동하는 분도 보았습니다. 운동 이외에 취미 활동하는 사람도 많이 봅니다. 그림을 그린다든지, 사진을 찍기도 합니다. 합창단 활동하는 분도 보았습니다. 대학에 들어가서 중국어를 배운다든지, 관심 있는 분야를 공부하겠다고 하시는 분도 있었습니다.

저의 첫 출발은 투잡러로 시작하였습니다. 대학 강사의 경우 강의안을 만드는데 1년을 꼬박 매우 바쁘게 보냈습니다. 관련 서적들도 찾아보아야 했고, 제가 겪었던 회사생활 중에서 교육용 케이스로 쓸 만한 것이 있는지 정리해 보기도 하였습니다. 다행히 학생들의 반응도 좋아서 나름 재미있게 보냈습니다.

   제가 강의했던 학교는 창업을 중시하는 대학이었습니다. 정부자금을 받아서 창업하려는 사업들을 심사하고, 그들을 인큐베이팅하는 '창업선도대학'이었습니다. 저는 자연스럽게 창업을 심사하고, 마케팅 멘토링을 하는 기회를 얻었습니다. 보통 그런 초기 창업회사를 스타트업(Start-Up)이라고 부릅니다. 저는 정부자금을 받아서 창업하는 대표들을 도우면서 창업생태계를 이해하게 되었습니다. 친구나 후배들 혹은 지인들 가운데 창업하려는 유망 창업자를 스카웃하는 일도 하게 되었습니다.

   상장회사 감사업무는 상반기 하반기 실적발표 이후 회계담당자와 정기 미팅을 하고, 4번의 정기 이사회를 통해 현안을 토의하고, 의사 결정을 하는 일입니다. 저는 처음에 들어가서 부서장 한 분을 멘토링 하였고, 그분이 퇴사할 때까지 만남을 지속하였습니다. 감사 활동 초기에는 시장조사 활동과 제품 콘셉트 회의 등에 참여하여, 부하직원들과 많은 토론도 하였습니다.

   제가 이 시기에 뼈저리게 느꼈던 것은, 매달 생활비의 중요성입니다. 제가 저축해 놓았던 돈으로 미국에 있는 아들 유학자금을 충당하였습니다. 퇴직 이후 바로 상장회사의 감사로 재취업을 하였기에 크진 않지만, 생활비 정도는 충당할 수 있었습니다. 심리적 안정에 큰 도움이 되었습니다. 만약 일정한 수입이 없었다면 아들의 유학 경비와 매달 고정 생활비로 심리적으로 많이 위축될 수 있었습니다.

투잡러가 좋은 점은 고정 생활비는 매달 한 회사에서 받고, 나머지는 내가 하고픈 일을 하면서 추가적인 부가 수익을 올리는 것입니다. 저도 상장회사 감사 활동을 통해 일정한 고정수입을 얻고, 나머지 시간에 대학 강의를 통해 추가 수입을 올렸습니다. 또 다른 수입은 매년 연말에 했던 마케팅 멘토링이었습니다.

투잡러는 고정 수업이 있기 때문에 자기가 하고 싶은 일에서 수입이 생길 때까지 견디고 버틸 수 있습니다. 시간을 버는 효과가 존재합니다. 저의 경우는 상장회사 감사 활동으로 월 생활비를 충당하였습니다. 그것이 대학 강사 일을 계속할 수 있게 해주는 간접적인 역할을 합니다. 학교 강의는 학생들에게 나의 지식과 경험을 전달하는 기쁨을 가져다줍니다. 돈으로 환산할 수 없는 일입니다. 이 대학 강의가 나중에 창업 책을 쓰는데 기초가 되었고, 그 책 덕분에 전문가가 되었습니다. 버티면 기회가 오고, 결실을 보게 됩니다.

연극을 하는 분들의 경우 각종 아르바이트를 하면서 견딥니다. 그것이 자기가 좋아하는 연극을 하게 합니다. 5년이나 10년 동안 연극을 하면서, 드디어 큰 배우로 성장하는 것을 봅니다. 고정적인 수입은 자기가 하고픈 일에서 전문가가 되게 하는 밑바탕이 됩니다.

젊었을 때부터 직장생활하면서 부업을 해 보세요. 그것을 통해서 자기가 하고픈 일을 찾을 수 있고, 거기서 수입까지 벌 수 있다면 은퇴 이후에도 걱정할 필요가 없습니다. 투잡러 되는 것을 두려워하지 말고, 계속 관심 있는 일을 찾으세요. 그것이 현명한 직장생활입니다.

퇴근 이후 주말 등을 활용하여 계속 부업을 시도해 보기를 권고합니다. 은퇴 이후 다시 30년을 사는 방법입니다. 결국 자기 사업을 하지 않으면 독립적인 삶을 살 수 없습니다. 나이가 들면 아무도 고용하려 하지 않습니다. 명심하십시오.

(2) '전문가'로 불리는 삶 : 창업전문가, 취업전문가

제가 학교에서 강의하면서 변변한 창업교과서가 없어서, 여러 권의 책을 편집하여 강의하였습니다. 매 학기 수정하여 강의하였으며, 국내에서 좋은 책이 나오면 바로 인용하기도 하였습니다. 제가 직접 도와주었던 스타트업을 사례로 활용하였습니다. 그때부터 강의에 생동감이 생기기 시작했고, 학생들도 귀를 기울이게 되었습니다.

또한 제가 몇몇의 창업자에게 해 준 사업계획서 멘토링을 통해 정부자금을 받는데 성공한 쾌거도 종종 있었습니다. 그 스타트업 대표들은 제게 사업계획서 쓰기에 대한 특별한 비법이 있다며 좋아해 주었습니다. 제게 있어서 새로운 재능의 발견이기도 하였으며, 자신감도 가지게 되었습니다.

저의 경우 5년간 학생들에게 강의한 노트와 실제 실무에서 나타난

유의미한 성과를 통해 책을 쓸 용기를 갖게 되었습니다. 책을 한 번도 써 본 경험이 없었습니다. 어떻게 써야 할지 막막하기도 하였습니다.

책을 써 본 친구에게 물었습니다.

"너는 어떻게 책을 쓰게 되었냐?"

"말하듯이 쓰면 돼"

"뭔 말?"

"내가 말한 것을 녹음하여, 그것을 옮기면 된다는 이야기야."

"그래"

저는 그 이후 '대통령의 글쓰기'의 저자 강원국 선생과 류시민 작가의 '글쓰기에 관한 책'으로 공부하였습니다. 저의 교회 목사님도 여러 권의 책을 쓰신 조현삼 목사이십니다. 감자탕 교회 목사로 유명하신 분입니다. 목사님이 작성하여 홈페이지에 올려놓은, '글 쓰는 방법'에 관한 자료들은 제가 책을 쓰는 데 큰 도움이 되었습니다.

이 책은 2020년에 '2030 창업 길라잡이'라는 이름으로 출간되어, 인덕대학교, 호서대학, 덕성여대에 강의교재로 활용되었습니다. 온라인 교육회사인 '씨앤이'라는 회사에서 동영상 촬영 요청을 받기도 하였습니다. 이 촬영본은 10분짜리 54개로 '서울창업허브'라는 곳에 납품되는 성과를 얻기도 하였습니다. 이곳은 서울시 산하의 창업 교육 전문조직입니다.

제가 이 책에서 정리한 창업마케팅 개념인 Big3 모델을 다시 한번 간단하게 설명하면 다음과 같습니다.

<사례 10-1> 창업마케팅 Big3 모델

(1) 제품콘셉트 : 문제와 해결책

가치제안(Value-Proposition)은 고객으로서는 매우 어려운 개념입니다. 제가 2년간 가르치다가 3년 차부터는 가치제안과 같은 개념인 콘셉트로 변경해서 가르치기 시작했습니다. 학생들도 그렇고 예비창업자들도 '콘셉트'는 쉽게 이해하였습니다. 아마도 실생활에 친숙한 개념으로 다가오기 때문입니다. 방송에서도 자주 나오는 용어이고 디자인 콘셉트, 건축 콘셉트, 인테리어 콘셉트 등 실생활에서도 자주 오르내리는 말입니다.

창업에서는 현재 고객의 Pain Point(고통스러운 것) 문제 해결할 수 있을지가 제일 중요한 관심사입니다. 그래서 제품콘셉트 분석을 시도합니다. 구체적인 방법론으로 NA분석(Needs-Aproach)과 BC(Benefit-Compititor)분석이 있습니다. NA분석은 제품이 시장의 문제를 해결하는 대안인가에 대한 분석 방법이고, BC분석은 제품의 혜택과 가격(경쟁사 대비)에 관한 분석 방법입니다.

제품콘셉트 분석의 핵심인 차별화 방법에 대해서도 4사분면 그래프 분석을 통해 정리가 됩니다. 마지막으로 제품콘셉트와 수익모델의 관계도 중요합니다.

(2) 목표고객 : 가설과 검증

'목표고객이 누구인가?'가 중요과제입니다. 목표고객 결정과 시장 데이터 분석을 통해 목표고객을 정의하고 시장크기, 성장률을 파악합니다.

가설이라는 용어도 이해하기 어려운 개념이어서 질문으로 바꾸어 설명합니다. 창업 사업아이템에 관해서 고객에게 물어보고 싶은 질문리스트 20개를 만들어서, 목표고객에서 직접 가서 물어보라고 합니다. 그리고 그 결과를 리포트로 제출하라고 합니다.

"질문이 가설이고 답이 검증이다."라고 설명합니다. 각자 만들어 온 리포트로 발표하면서 쉽게 이해합니다. 이런 검증작업을 시장조사라고 설명합니다.

시장조사 결과에 따라 제품시장적합성(Product-Market-Fit)에 맞는 목표고객을 찾기도 하고, 동시에 제품 수정과 보완작업을 진행하기도 합니다. 이런 과정을 통해서 고객의 필요와 욕구에 맞는 제품콘셉트를 찾게 됩니다.

마지막 개념은 고객구매과정 분석입니다. 고객 동선을 파악하는 프로세스입니다. 고객정보 출처, 고객구매 우선순위, 구매결정권자 등을 파악합니다. 이런 분석 결과에 따라 홍보마케팅 전략이 결정됩니다. 고객 동선에 따라 온라인 혹은 오프라인, 아니면 각종 SNS매체 중 어떤 것이 효율적인지 결정이 됩니다.

(3) 채널(유통) : 중간상의 역할

채널(유통)은 제품콘셉트와 목표고객을 연결하는 개념으로 "어떻게 제품을 유통할 것인가?"에 대한 선택의 문제입니다. 직접 판매할 것인가 아니면 중간상(도소매업자)에 맡겨 간접 판매할 것인가를 결정하는 프로세스입니다. 이 결정은 중간상의 역할을 이해해야 선택할 수 있습니다. 이런 결정을 토대로 홍보마케팅 전략을 수립합니다.

저는 이 책을 통해서 창업전문가가 되었습니다. 현재 경기도 '스타트업캠퍼스'에서 스타트업을 해외로 진출시키는 엑설러레이팅 사업에 리드 멘토로 3년째 활동하고 있습니다.

처음부터 전문가 되지 않습니다. 저는 대학에서 강의 5년, 현장에서 400~500개의 스타트업을 심사하고, 100개 이상 기업을 멘토링하면서 실무를 익혔습니다. 책을 쓰면서 이론과 사례들을 정리했고, 교육용 동영상을 촬영하면서 설명과 설득의 기술을 배웠습니다. 전문가의 삶은 멈춤이 없어야 합니다. 계속 공부하고 새로운 이론을 학습해야만 전문가로 사는 삶을 유지할 수 있습니다.

이제 취업전문가 된 이야기를 해 볼까 합니다. 저는 대학교에서 경영학을, 대학원에는 마케팅 전공을 했습니다. 회사에서는 기획과 마케팅, 영업과 관리 등을 하였습니다. 인사 관련해서는 대리 시절 인사부 요청으로 400개의 자소서 중에서 괜찮은 자소서를 선별하는 일을 해 보았습니다. 부서장과 임원 시절에는 직원을 뽑는 면접위원으로 참여한 것이 다였습니다. 제가 취업전문가 될 줄은 꿈에도 몰랐습니다.

은퇴 후에 대학 강의할 때 학생들의 자소서 첨삭할 기회가 간혹 생기기도 하였습니다. 제가 상장회사 임원으로 은퇴해서 뭔가 비법이 있는 줄 알고 친구나 지인들이 본인의 자녀를 맡기기도 하였습니다. 저는 관련 서적을 읽어 보았으나 마땅한 책이 없어서, 제가 은퇴하기 전에 정리한 핵심역량을 활용하여 상담하였습니다. 그것은 제가 나름 공부해서 만든 방법론입니다.

그 방법은 "경험-역량을 연결하여 쓰면 된다"라는 것입니다. 이것은 현대 인사이론인 행동역량 면접(The Behavioral Interview)과 이론적인 궤를 같이한다고 생각하였습니다. 구체적인 방법론으로 '5단계 프로세스'를 제시하였습니다.

<표 10-1> '경험-역량을 연결하여 쓰기' 5단계 프로세스

구분	1단계	2단계	3단계	4단계	5단계
주요 내용	자기 경험 찾기 (예상 면접 질문 준비)	회사가 요구하는 역량 파악	경험-역량 연결하여 자소서 쓰기 (면접답안 작성)	<멘토링> - 동료/전문가 <모의 면접> - 전문가/선배	마무리 - 글쓰기 요령 - 면접 요령

행동역량 면접에 관한 것은 자세한 설명은 아래 <사례 10-2>를 보면 됩니다. 2단계 회사 요구역량은 1부에서 말한 30개의 역량으로 이해하면 됩니다. 3단계의 구체적인 예시는 핵심역량의 취업에 적용 편을 보면 됩니다.

저는 학생들이나 지인 자녀들에게 이 같은 5단계 프로세스를 적용하였습니다. 이런 아마추어 방법이 뜻밖에 취업을 성공시키는 효과를 가져왔습니다. 저에게 상담 받은 젊은 친구들이 "교수님에게는 뭔가 특별한 비법이 있는 듯합니다."라면서 용기를 주기도 하였습니다.

이 취업 책은 2020년에 '취업 잘하는 종족'이라는 제목으로 출판됐습니다. 출판 이후 저는 30만 원을 우리 사단법인에 후원하면, 무

제한으로 젊은 청년들을 도와주는 프로그램을 만들었습니다. 일 년에 5-10명 정도 꾸준히 멘토링을 해 주고 있습니다.

<사례 10-2> 행동역량 면접의 이해

● Behavioral Interview(행동역량 면접)의 이해 ●

1. 배경
- 행동역량 면접 방식이 우리나라 입사 면접에서 채택된 것은 2000년대 초반 이후의 일입니다. 현재 대부분 기업에서 채택하고 있습니다.
- 미국 하버드대학의 심리학자 매클랜드의 연구(지능검사보다는 개인이 수행하는 직무에서 실제로 성과가 나타나는 역량평가가 의미 있다고 한 이론)에 뿌리를 두고 있습니다.

2. 개념
- 과거의 행동으로 미래의 행동을 예측할 수 있다는 가정 아래, 면접 대상자가 특정 상황에서 구체적으로 취한 경험(행동)을 구조적인 질문을 통해서 도출하는 형식입니다
- 역량면접 질문의 예는 "팀 프로젝트를 한 적이 있는가?" "개인의 목표를 세우고 계획한 적이 있는가?" "창의적인 일은 한 적이 있는가?" 등 입니다.
- 사람의 능력은 기술과 지식을 합한 것에 행동역량이 곱해져 이루어지는 함수 같은 것입니다. *사람의 능력 = (기술 + 지식) × 행동역량

- 전통적인 면접은 기술과 지식에 집중하는 반면, 행동역량 면접은 행동에 집중합니다.

3. 면접 방식
- 면접관 2-3명이 1시간에서 2시간 사이에 진행하며 번갈아 가면서 인터뷰 방식으로 후속 질문을 계속 던지기 때문에 거짓말을 하면 금방 알게 됩니다.
- 진행 방법은 '관찰 요소'(자소서 내용 사실관계 및 반응) 확인 → 질의응답(사실 확인) → 관찰 기록 작성(초안 작성) -> 면접위원 조정 후 '최종 평가 단계'를 거칩니다.

4. 대응 방법
- 역량 면접에 대비하기 위해서는 자신이 예전에 경험했던 사건과 사례를 미리 잘 정리할 필요가 있습니다.

저는 작년 여름부터 올 6월까지 거의 1년 동안 '직업상담사' 자격증 관련 공부를 하였습니다. 올해 1, 2차 시험에 합격하였고, 전문 자격증을 취득하게 되었습니다. 이 공부를 하면서 취업과 진로상담에 관한 이론과 관련 지식을 습득할 수 있게 되었습니다.

저는 '직업상담사 합격 공부법'이라는 교육용 자료를 만들었습니다. 2차 시험의 경우 모두 주관식입니다. 내용을 암기해서 서술해야 합니다. 제가 공부하면서 터득한 비법을 정리하였습니다. 약 150페이지 자료로 집대성하였습니다. 그 내용은 아래와 같습니다.

> **<사례 10-3> 직업상담사 합격 공부법**
>
> ❶ 전체체계 즉, 큰 틀(숲)을 이해하면 그것이 암기의 기초가 됩니다. 예를 들어 직업상담학에 나오는 이론과 직업심리학에 나오는 이론이 서로 중복되어서 이 관계가 많이 헷갈렸습니다. 전체 체계(숲)를 이해하면 이런 헷갈림은 말끔히 해결됩니다.
>
> ❷ 이러한 전체 체계(숲) 바탕 위에, 세부 답안(나무)을 하나씩 하나씩 외우면 훨씬 암기가 쉬워집니다.
>
> ❸ 전체 체계(숲)와 세부 답안(나무)를 연결해 주는 방법이 두 문자 방식으로 외우는 것입니다. 저는 묶어서 외우는 새로운 방법을 제시하였습니다. 그 방식대로 외우면, 암기 양이 1/2, 1/3로 줄어듭니다.
>
> ❹ 2차 시험에는 응용문제로 계산 문제와 상담유형 문제로 종종 출제됩니다. 이 내용은 별도로 파트Ⅱ로 구분하여 정리하였습니다. 잘 활용하면 유용할 것입니다.
>
> ❺ 마지막으로 기출문제 총정리와 기출문제 풀이 등을 삽입하여, 실전에 대비할 수 있도록 배려하였습니다.

저는 향후 교육용 자료를 활용하여 자격증 취득 교육에 관한 강의를 해 볼 계획을 세우고 있습니다. 사회 공헌 활동 측면으로 전개해 보려고 합니다. 은퇴 후에 직업상담사 자격증을 취득하면 1년 미만 단기 일자리는 꽤 있는 것으로 보입니다.

제가 가지고 있는 콘텐츠는 (1) 취업 자소서와 면접, (2) 이직 상담, (3) 문서작성법, (4) 직업상담사 자격증 합격 교육, (5) 창업용 사업계획서 작성 등 5가지입니다. 두 권의 취업과 창업 관련 출판 도서와 한 권의 교육용 교재, 55개의 창업 동영상(서울시 교육 공식조직에 납품)을 가지게 되었습니다. 이 정도면 전문가라도 불릴 수 있습니다.

전문가는 시간이 필요합니다. 콘텐츠로 상징하는 '저서와 교재와 동영상'이 있어야 합니다. 이런 후광 효과가 없으면, 전문가로서 수입을 창출할 수 없습니다. 저의 경우는 약 8년간 이런 것들을 만들어 냈습니다. 많은 시간과 노력이 필요합니다.

저는 이렇게 창업전문가와 취업전문가가 되었습니다.

(3) 비영리사단법인 창업 : '청년과 스타트업을 돕는 목적'

은퇴 3년 차이였을 때 일입니다. 2017년입니다. 후배가 만나자고 연락이 왔습니다. 사단법인을 만들자는 제의가 있었습니다. 본인은 아이디어만 있지, 세부 사업계획을 만들 능력이 부족하니 도와달라는 의견이었습니다.

저는 당시 육아휴직으로 쉬고 있는 후배 지인이 있어, 같이 참여를 요청하였습니다. 사업계획서를 쓰고, 중소벤처부에 1차 인가신청을 했습니다. 담당자가 고용노동부로 보냈습니다. 저희 사단법인은 취업과 창업을 지원하는 두 가지 목적이었습니다. 창업이 강조되면 중소벤처부지만, 취업이 강조되면 고용노동부가 될 수 있습니다. 서로 "우리 담당이 아니다"라고 주장해서 2년간 공전하게 되었습니다.

중소벤처부 담당자 바뀌어서 새롭게 다시 인가신청을 하였습니다. 인가를 원활히 하기 위해서 출연금을 5천만 원으로 하자는 의견을 법무사로부터 받았습니다. 인가를 대행하는 법무사가 중소기업청에서 부로 승격하는 첫해이기 때문에 사단법인 신청이 많다고 하였습니다.

저는 회사를 만들 때 막연히 자본금은 5천만 원 정도는 있어야 한다는 이야기는 들은 적은 있어도, 출연금으로 5천만 원이 필요하다는 것은 금시초문이었습니다. 당시 사단법인을 만들자고 제의한 후배는 자기 사업에 바빠 인가 부분에 관해서는 나에게 일임된 상황이었습니다. 이사 한 사람당 5백만 원을 출연한다면, 10명이 필요하였습니다. 후배가 2명을 추천하였고, 제가 8명을 추천하였습니다.

2018년 10월 말에 인가신청이 승인되고, 11월 법인 설립 등기가 완료되어 창업하게 되었습니다. 주식회사 창업이 아니고 사단법인이라는 비영리 조직이라, 일반 창업과는 다를 수 있을 거로 생각했습니다. 실제 운영해 보니 모든 조직은 수익 창출 즉, 매출이 없으면 영속적인 운영이 될 수 없었습니다.

저는 본의 아니게 이사장 역할을 하게 되었습니다. 사무실도 구하여야 하고, 장부 정리도 해야 했습니다. 이사진 중에 세무사가 계셔, 그 사무실에 더부살이를 현재까지 하고 있습니다. 사무실 비용은 무료입니다. 집기 비품은 소모품을 제외하고는 그냥 얻어 살고 있습니다. 고정비는 없습니다. 유일한 비용은 장부 처리 비용 월 10만 원과 통신료 8천 원 정도였습니다.

당시 재무 상황은 설립비용(법무사 인가 비용 등), 월 10만 원의 고정비용, 비정기적인 식사비 등의 영업비용으로 약 천만 원 정도 출연금이 마이너스를 보이고 있었습니다. 어떻게든 수익 발생 원천을 찾아서 현금을 창출해야 합니다.

이사진들도 대부분 현직에 있으므로, 이 몫은 오로지 제 책임이 되었습니다. 사단법인 만들자고 제의했던 후배는 사업이 어려워져 그쪽에 몰입하고 있어서 저 혼자서 고민해야 했습니다. 참 어이없는 일입니다. 처음부터 저는 이런 사단법인을 창업할 생각과 의지가 없었지만, 후배가 도와달라는 제의에 수동적으로 참여했다가 코가 꿴 셈이 되었습니다. 암담하였습니다. 누구와도 상의할 수 없었습니다. 혼자 해결할 일이 되었습니다.

<사례 10-4> 중소벤처부로부터 받은 설립허가증

제2018-21호

비영리법인 설립허가증

1. 법인명칭: 사단법인 시니어공유경제연구원

2. 소 재 지: 서울특별시 성동구 성수이로 10길 14, 312호

3. 대 표 자

　　성　　명: 홍진우
　　생년월일: 1961. 06. 18.

4. 사업 내용: ① 창업 등 시니어 진로에 관한 교육사업
　　　　　　② 스타트업, 소상공인 창업, 특수창업에 대한 용역사업
　　　　　　③ 이직, 퇴직 등 진로 탐색에 필요한 심리상담 서비스 사업
　　　　　　④ 창업관련 출판, 강연, 멘토링, 전문 온라인 사업
　　　　　　⑤ 시니어 관련 정부·지자체 위탁사업
　　　　　　⑥ 이외 정관 제4조(사업)에 명시된 사업

5. 허가 조건: 관련 규정 불 이행시 설립허가 취소

「민법」 제32조 및 「중소벤처기업부 소관 비영리법인의 설립 및 감독에 관한 규칙」 제4조에 따라 위와 같이 법인 설립을 허가합니다.

2018년 10월 30일

 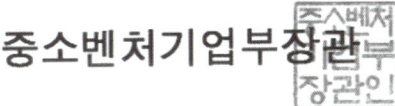

저는 설립 후 3년 동안 창업자로서 외로움이 무엇인지 뼈저리게 알게 되었습니다. 500만 원을 출연한 이사진은 저의 친구와 후배들이었습니다. 그들을 볼 면목이 없었습니다. 저를 보고 출연금을 선뜻 내주었는데, 계속 적자를 보면 안 되겠다는 생각이 번쩍 들었습니다.

이러한 책임감이 3년 만에 적자를 흑자로 바꾼 원동력이 되었습니다. 우선 기대하지 않은 곳에서 수익이 발생하였습니다. 제 친구가 '한국과학기술정보원'의 선임연구원이었습니다. 스타트업을 돕는 자체 프로그램을 저희 사단법인에 소개해 주었습니다. 그 내용은 스타트업이 필요한 시장조사 자료를 제공하는 서비스입니다. 그 대가로 일정부분 수익이 발생하게 되었습니다. 처음에는 1개를 주었는데, 현재는 3개 프로젝트를 수행하고 있습니다. 이 사업을 통해서 고정적인 수익이 발생하였습니다. 연구용역 사업입니다.

추가로 이 연구용역 서비스를 받는 스타트업이 '고객반응조사' 프로젝트를 우리에게 주었습니다. 약 2천만 원의 추가 매출이 발생하였습니다. 작년 연말(2021년)에 드디어 흑자전환을 했습니다. 처음부터 연구용역 분야에서 매출이 발생할 줄은 몰랐습니다. 기대하지 않은 분야였습니다. 특히, 고객 반응조사는 2명의 연구원과 함께했던 프로젝트였는데, 저를 제외하고 그런 조사를 해 본 경험이 전혀 없는 사업이었습니다.

반응은 뜨거웠습니다. 은퇴한 두 분의 연구원과 제가 함께 만든 보고서들이 고객으로부터 호평받았습니다. 이 보고서를 서울시 공무원,

환경부 직원들에게 대관업무 차원에서 제공하였다고 합니다. 그분들로부터 '스타트업이 이런 보고서를 만들 수 있다니!' 하면서, 자료의 내용과 깊이에 대해 칭찬받았다고 합니다.

저는 자기 사업이 얼마나 어려운지 알게 되었습니다. 외로움과의 사투를 벌여야 하고 매출처를 찾아야 하는 노력이 필요합니다. 이것은 혼자 고민해야 할 과제입니다. 공동 창업자가 있다면 많은 부분 스트레스가 감소할 수 있습니다. 고정적인 매출을 만드는 것은, 사업 성공의 첫 발걸음입니다. 그것이 고정비를 커버한다면, 버티는 힘이 생기게 됩니다.

또 하나 배운 사실이 있습니다. 사업의 성패는 자신이 결정할 수 없는 부분이 있다는 것입니다. 연구용역사업에서 매출이 발생할 줄 꿈에도 몰랐습니다. 사업의 세계는 미지의 영역이 존재합니다. 즉, 아무도 사업 성패 여부를 판단할 수 없습니다.

최근에 제가 멘토링한 전기차 충전회사의 해외 수출은 캐나다에서 약 30억 원이 발생하였습니다. 이 회사는 한 번도 해외 영업을 한 적이 없었습니다. 캐나다 회사에 있는 한국인이 전기차 충전회사를 검색하다가 이 회사를 찾게 되었고, 이를 계기로 수출까지 하게 되었습니다.

저는 절대로 스타트업 제품에 대해서 안 될 것이라는 부정적인 견해를 한 번도 밝힌 적이 없습니다. 아무도 모른다는 것이 정답입니다. 자기 사업이 성공할지 실패할지 모른다는 사실은 하나의 희망을 품게 합니다. 누구나 시도해 볼 수 있는 영역이라는 이야기입니다. 2030 세대 여러분, 자신감을 가지고 도전해 보길 강력히 권고합니다.

(4) 2030 세대에게 건네는 나의 조언

최근에 수학의 노벨상이라고 불리는 필즈상을 수상한 허준이 교수의 인터뷰 중 한 곳에 마음이 머물렀습니다. '자유로움'이라는 단어입니다. 자유롭게 생각하는 훈련을 강조하였습니다. 그분의 인터뷰 내용입니다.

"수학의 매력은 자유로움입니다. 수학엔 논리가 맞아야 한다는 규칙이 있습니다. 그 규칙의 엄격함 때문에, 다른 면에서 자유롭습니다. 어떤 대상을 연구할 것인지, 어떻게 이해하고 풀어야 하는지 정해진 규칙이 하나도 없습니다. 수학은 자유로움을 학습하는 일입니다. 어렸을 때 얽매이지 않고, 많은 생각을 자유롭게 하는 훈련을 하면 좋을 것 같습니다."

자기가 진로를 선택할 수 있는 '자유로움'이야말로 2030 세대가 가져야 할 가장 큰 덕목이라고 저는 생각합니다. '선택할 수 있는 자유'는 진로 결정의 필수항목입니다. 자기가 하고 싶은 일을 시도할 수 있게 해 주어야 합니다.

제 아들은 태어날 때부터 심장이 안 좋아 1살 때 수술을 했고, 고등학교 2학년 때 2번째 수술을 했습니다. 워낙 건강이 안 좋아 중·고등학교 시절 체육 시간에 열외를 받았습니다. 공부에 대해 강요를 할 수가 없었습니다. 공부보다 건강이 중요했기에 거의 방임하다시피 자유를 허락하였습니다. 실제로 공부도 잘하지 못했습니다. 흥미도 없었지만, 적성도 없는 것 같았습니다.

게임도 하다가 음악도 듣다가 마지막에 꽂힌 것이 미국 드라마였습니다. 이것을 볼 수 있는 통신기기도 사달라고 떼를 쓰기도 했습니다. 얼리어댑터여서 핸드폰 사양이 바뀔 때마다 교체해 달라고 조르기 일쑤였습니다. 청소년기에 공부를 제외하고는 모든 선택의 자유로움을 만끽하였습니다. 나중에 미국 드라마 덕분에 영어를 잘하게 되었고, 통신기기를 잘 다루는 덕분에 미국 교수님들의 사랑을 많이 받았습니다. 아이러니한 일입니다.

철이 들어 뒤늦게 공부하였으나, 기대한 대학에 입학을 못 했습니다. 미국에 가서 어학 1년, 커뮤니티커리지(전문대학)에서 2년, 대학에 편입해서 2년, 대학원 1년 총 6년을 공부하였습니다. 회계학이라는 전공도 본인이 결정하고, 대학원 1년짜리 석사과정도 자신이 가고 싶어 도움을 요청했습니다. 편입대학도 자신이 결정하였고, 미국에 살 집도 자신이 선택하였으며, 그 후 몇 번의 이사도 자신의 결정이었습니다. 부모인 제가 도울 방법도 없었습니다.

현재 미국에 있는 KPMG라는 회계법인에서 세금 처리 업무를 하고 있습니다. 벌써 입사 3년 차입니다. 이 친구가 늘 하는 말이 있습니다. "인생에서 가장 중요한 것은 자신이 자유롭게 선택하고 그에 대한 책임만 질 줄 알면, 큰 성장이 있다."라는 것입니다. 2030 세대 여러분, 본인이 원하는 것을, 자유롭게 선택하여 보세요. 이직할지, 투잡러로 살지, 자기 사업을 할지 스스로 선택해야 합니다.

우리 세대는 누구나 정해진 길을 갔습니다. 공부 열심히 해서 대학을 가고, 좋은 직장을 들어가는 것이 목표였습니다. 회사에 요구하는 회사형 인간으로 30년간 살다가 나오니, 혼자 사는 경쟁력은 하나도 없습니다. 시키는 일만 잘하지 스스로 자유롭게 생각하고, 그것을 돈으로 바꾸는 능력은 전혀 없습니다. 앞으로 30년을 더 살아야 하는데 말입니다.

우리와 같이 정해진 길을 가지 마십시오. 뻔하고 판에 박힌 일에서 일탈하십시오. 여러분이 상상하고 호기심을 자극하는 길을 선택하십시오. 설혹 실패하더라고 배우는 것이 많습니다.

이스라엘 유치원 공터는 우리나라처럼 정리된 놀이터, 미끄럼틀과 시소가 있는 예쁜 유치원이 아닙니다. 고물상 유치원입니다. 온갖 생활 폐품들로 가득 차 있습니다. 자전거 바퀴, 타자기, 라디오, 텔레비전, 부엌살림 등 온갖 쓰레기 더미같이 보입니다. 바로 이곳에서 호기심을 키우고 스스로 질문하고 성장합니다. 일탈한 곳에서 배움이 일어난다는 것입니다.

냉장고 문을 열어보면서,

"선생님, 이 냉장고 어떻게 얼음이 얼어요?"

"응, 전기가 연결되어야만 한단다."

"전기는 뜨거운데, 어떻게 해서 얼음이 얼 수 있나요?"

고물상 유치원에서 자기가 관심 있는 분야를 자유롭게 선택해서 공부하고, 질문하면서 스스로 배우게 됩니다. 정해진 교육과 사회제도 틀 안에서 선택할 수 있는 일탈을 해야 합니다. 일명 '도장 깨기'를 시도해야 합니다. 안 해 본 것을 해 보세요. 판에 박힌 방식을 벗어나서 시도하고, 경험해 보세요.

필즈상을 받은 허준이 교수도 시를 쓰기 위해 고등학교를 중퇴하였고, 검정고시를 통해 대학에 들어갔습니다. 정상적인 궤도에서 일탈한 것입니다. 물리학이 너무 어려워 3학년 때 D와 F를 받아 6년을 대학에 다녔습니다. 그 당시 우울증이라는 어려움도 겪었습니다. 다행히 일본인 '히로나카 헤이스케' 선생님을 만나면서 인생의 회복을 만나게 됩니다. 본인도 일탈한 삶이 현재 수학을 하는데, 큰 도움이 되었다고 합니다.

'자유로움'과 '일탈'이 인생의 진로 선택의 키워드입니다. 거창 고등학교의 직업 선택 십계명을 다시 곱씹어 읽어 보았습니다. 가슴이 뭉클해집니다. 참고해 보세요. 일탈한 관점입니다.

<사례 10-5> 거창 고등학교의 '직업 선택 십계명'

1. 월급이 적은 쪽을 택하라.

2. 내가 원하는 곳이 아니라, 나를 필요로 하는 곳을 택하라.

3. 승진의 기회가 거의 없는 곳을 택하라.

4. 모든 것이 갖추어진 곳을 피하고, 처음부터 시작해야 하는 황무지를 택하라.

5. 앞을 다투어 모여드는 곳은 절대 가지 마라. 아무도 가지 않는 곳으로 가라.

6. 장래성이 전혀 없다고 생각하는 곳으로 가라.

7. 사회적 존경 같은 건 바라볼 수 없는 곳으로 가라.

8. 한가운데가 아니라 가장자리로 가라.

9. 부모나 아내나 약혼자가 결사반대하는 곳이면 틀림없다. 의심하지 말고 가라.

10. 왕관이 아니라 단두대가 기다리는 곳으로 가라.

마지막 저의 조언은 취업하기 어려운 시기에는 적성에 맞는 직업을 찾기보다는, 생활비, 경험과 경력을 보충한다는 차원에서 '가벼운 취업'을 권고해 봅니다. 삼성그룹을 제외하고는, 이제 신입사원 공채를 하는 곳이 없습니다. 경력직원으로 취업하려면, 가벼운 취업을 해서 경험과 경력을 쌓아야 합니다.

가벼운 취업으로 스타트업을 추천합니다. 의외로 스타트업은 다양한 경험을 할 수 있습니다. 사람이 부족하여서, 본인이 노력에 따라서는 원하는 일을 찾을 수 있습니다. 사원의 일, 팀장의 일, 심지어는 대표의 일도 대행할 기회가 생깁니다.

자기가 하고 싶은 일을 계속하기 위해서 가벼운 취업이 좋습니다. 일주일에 1~2일 정도 임시직으로 일하고 나머지를 자기가 하고픈 일을 시도할 수 있습니다. 정부 기관의 건물 관리인은 3일에 한 번 출근하고 숙직까지 하면 최저 급여를 주는 곳이 있습니다. 한 달에 10일만 일하면 됩니다. 나머지는 자기 하고픈 부업을 하던가, 자기 사업을 시도해 볼 수 있습니다. 생활비가 해결되기에 버틸 수 있는 기반이 됩니다. 이런 취업이 가벼운 취업입니다.

현재 수습 직원으로 일하는 젊은 청년이 저에게 상담을 요청하였습니다.

"교수님" (대학 강의를 해서 이런 호칭으로 부르기도 합니다)

"왜?"

"취업을 했는데 자기 적성에 안 맞는 것 같아 이직을 고려하고 있습니다."

"벌써? 이번에 이직하는 곳은, 적성에 맞는 곳보다 근무 여건이 좋은 곳에 가벼운 취업을 하세요. 그리고 퇴근 후나 주말을 활용해서 본인이 하고 싶은 일에 도전하세요. 그 일에서 성공하면 투잡러가 되는 것입니다."

취업과 이직에 대한 개념을 이제 바꾸어야 합니다. 적성에 맞는 일을 찾다가 늦게 사회에 진출하기보다는, 가벼운 취업으로 사회 첫걸음을 내딛으세요. 그것이 지혜로운 행동입니다. 심각하게 고민해야 할 때입니다.

최종 정리해 보면, (1) 진로의 4가지 방향인 전문가, 해외 취업, 투잡, 자기 사업은 맞는 방향입니다. 이 방향으로 좌표를 찍고, 살아가기를 권고합니다. (2) '자유로움'과 '일탈'이 인생의 진로 선택의 키워드입니다. 자신의 삶에서 이러한 시도를 적용해 보세요. (3) '가벼운 취업'을 통해, 경력 공백기를 최소화해야 합니다. 스타트업이 경험과 경력 쌓기에 적합한 곳입니다. '로켓펀치'는 스타트업 구인 전문사이트입니다. 적극적으로 활용해 보길 조언합니다.

　　중국 속담을 인용하면서 마무리한 책을 보았습니다. 너무 멋져 보였습니다. 저도 이 말로 마무리합니다. 100세 시대를 향해 처음 떠나는 사람의 꿈이기도 합니다.

　　"행복은 할 일이 있는 것, 바라볼 희망이 있는 것, 사랑할 사람이 있는 것, 이 세 가지입니다." 맞는 이야기 아닌가요?

쉬어가는 페이지

● 청년 대상 '나만의 커리어 아카데미' 프로그램 ●

1. 취지
- 스타트업과 비영리법인과 연계하여, 사회공헌활동으로 추진합니다.
- 청년세대와 공감대 형성을 위해 2030 세대의 현직에 있는 분과 공동으로 진행합니다.

2. 세부 프로그램 : 5개 과정

구분	주요 내용	비고
Ⅰ. 기본역량 이해	<모든 진로 선택의 기초> (1) 기본역량의 정의와 활용(1) (2) 일 잘하는 방법(3) (3) 사람들과 관계를 맺는 법(1) (4) 좋은 인성을 갖는 방법(1)	사전 준비/강의
Ⅱ. 진로 탐색	<진로 방향에 관한 토론> (1) 전문가의 삶(1) (2) 부업 하는 삶(투잡러)(1) (3) 자기 사업을 창업하는 삶(1) (4) 해외 취업기(1)	문답식 진행 (케이스 필독)
Ⅲ. 취업과 이직	<취업과 이직 컨설팅> (1) 자소서 쓰기와 모의 면접(3) (2) 경력 기술서 작성 방법(2)	사례연구
Ⅳ. 창업과 부업	<창업과 성장전략> (1) 창업 마케팅(BIG3 모델)(4) (2) 사업계획서 작성 방법(5)	교과서/ 동영상 기반 토론 학습

4부. 긴 호흡으로 세계 석학과 선배의 이야기를 청취해 보라.

V. 심리상담	<진로 고민과 스트레스 해소를 위한 1:1 심리상담> (1) 심리검사 (2) 맞춤상담	상담 전문가 연결

<강의 자료 : 주요 저서와 동영상 등>
- 커리어 브랜딩(Career Branding)(홍진우, 씨이오메이커)
- 취업 잘하는 종족(홍진우외 2인, 씨이오메이커)
- 문서작성법(소책자, 비매품)
- 2030 창업 길라잡이(홍진우외 3인, 씨이오메이커)
- 창업 동영상 55개(서울시 창업허브에 납품)

<Contact Point> : (사)시니어공유경제연구원(중소벤처부 인가 비영리사단법인)
- 홈페이지 : http://crc.or.kr
- 연락처 (홍진우 대표, 010-3237-8524, hjw0153@gmail.com)

에필로그

막상 물어보면
대답할 수 없었던 질문에,
그 대답을 해봅니다

은퇴한 후에 제가 받는 질문이 있습니다.

"은퇴 준비를 어떻게 하면 됩니까?"

"잘 모르겠는데요."

"제가 보기에 잘살고 계신 데, 비법이라도 있나요?"

"전 하나도 준비하지 않았는데요."

"그래요"

저는 그 대답은 못 했지만, 마음속에서는 저도 궁금했습니다.

"어떻게 준비하면 은퇴 후 30년을 잘살 수 있을까?"하고 오랫동안 마음에 둔 질문이었습니다. 저는 이 대답을 찾기 위해서 8년간을 고민하고 생각해 보았습니다.

회사는 길면 60세까지만 우리를 보호해 줍니다. 그다음은 우리가 독립적으로 살아야 합니다. 이를 위해 젊어서부터 준비해야만 합니다. 시간이 걸립니다. 제일 먼저 (1) 전문가(고수)의 삶을 살아야 합니다. 대체 불가능한 기술을 습득하여야 합니다. 그러한 기술을 배우기 위해서 이직은 끊임없이 검토해야만 합니다. 이렇게 사는 젊은 2030 세대를 많이 보았습니다. 실제 사례를 이 책에 많이 담으려고 노력했습니다. 전문가(고수)의 예시로 애널리스트, 데이터 마케터, 대기업으로 간 회계사, 스타트업 투자심사역, 법전원에 간 변호사, 목수, 컴퓨터 프로그래머 등을 선정했습니다. 이것이 은퇴 준비하는 첫 번째 길입니다.

(2) 해외 취업도 고려할 때입니다. 저는 미국, 일본, 유엔 등 선진국 시장에 간 젊은 2030 세대의 이야기를 담았습니다. 사례가 없어서 다루지 못했지만, 동남아시아, 인도, 중앙아시아, 심지어 아프리카까지 진출한 2030 세대분들이 많다고 들었습니다. 한국을 넘어 전 세계를 향해 진출해야만 합니다. 어학연수뿐만 아니라, 교환학생 프로그램도 좋습니다. 코이카 봉사활동도 지구적 시각을 갖게 합니다. 여행도 좋고 워킹홀리데이도 추천합니다. 일만 하는 단점도 있지만, 해외에 대한 인식을 바꾸어 주기는 합니다. 해외로 가는 것이 두 번째 평생 현역으로 살 수 있는 길입니다.

아프리카 차드에서 사진관 운영해서 큰돈을 번 분이 한국분입니다. 남보다 먼저 우리보다 못사는 아프리카에 20~30년 전에 온 것이 경쟁력입니다. 지금은 그 아들이 운영합니다. 카자흐스탄 알마티에 음식 장사로 성공한 분의 이야기도 생각납니다. "오기만 하면 됩니다. 사업할 기회가 너무 많아요."라는 말이 귓가에 맴돕니다. 2030 세대 여러분 전 세계로 나가보세요.

(3) 투잡러 혹은 부업을 하십시오. '투잡'이 법적으로 금지된 직업이 있습니다. 공무원이 대표적이겠습니다. 제가 여기서 이야기하는 진로 유형은 문제가 없는 사례만 모은 것입니다. 우리 세대에는 부업을 권장하는 시대가 아니었습니다. 지금은 유튜버, 쇼핑몰 운영이 대세가 되어서, 부업을 시도하거나 직업을 가지면서 아르바이트하는 젊은이들이 많이 있습니다. 지금은 부캐 전성시대입니다.

심지어 계약직으로 2~3일 일하고, 나머지는 자기가 하고 싶은 일을 하는 젊은이도 보았습니다. 국궁 선생이나 스쿠버 다이버 교관으로 일하면서 생활비를 벌고, 진로상담 전문가에 도전하는 분도 만난 적이 있습니다.

자기 적성을 찾는 직업 선택은 '무거운 취업'입니다. '가벼운 취업'을 권장합니다. 공무원 시험이나 교사 임용시험, 공사 시험 등 장시간이 필요로 하는 취업 전략은 무거운 취업입니다. 취업이 안 돼 시간이 흘러버리면, 다른 기회를 놓치는 일이 생깁니다.

생활비를 버는 취업도 최근에 젊은 2030 세대에게 추천합니다. 나머지 시간에 본인이 하고픈 일, 도전하고 싶은 일 등을 하면 된다고 조언합니다. 이것이 세 번째 길입니다. 부업을 하다가 그것이 평생 현역으로 가는 기초가 되기 때문입니다. 필요하다면 본문으로 돌아가 사례를 읽어 보십시오.

(4) 자기 사업을 하는 것입니다. 정기적으로 부부 모임을 하는 친구 그룹이 있습니다. 지금까지 현역으로 일합니다. 종로에서 부부가 금 소매상을 운영합니다. 또 한 분은 요양병원과 방문요양서비스 사업을 합니다. 역시 자기 사업을 하는 분들은 은퇴가 없고 삶에 생기가 있습니다. 늘 활력이 넘칩니다. 일이 주는 효과가 있는 것 같습니다.

자기 사업의 처음은 투잡러로 출발하는 것이 좋습니다. 생활비를 버는 곳이 있으면, 버틸 수 있고, 망하더라도 재기할 수 있습니다. 또 다른 방법이 있습니다. 직장생활의 노하우를 충분히 습득한 후, 창업을 하는 길입니다. 보통 직장생활 10년 이상 하는 것이 좋습니다. 40대에 창업을 시작하게 됩니다. 저와 인터뷰한 창업자들은 대개 이 길을 가는 것 같습니다. 모두 40대에 창업하였습니다. 자기 사업은 위험이 있으므로 신중해야 합니다.

제 입사 동기는 50대 초반에 은퇴해서 소자본으로 프렌차이즈 빨래방을 창업하였습니다. 직원 1명을 두고, 일도 하면서 일정 소득을 벌고 있습니다. 직원이 있으니 자유롭고 자기 생활도 가능합니다. 일도 하고, 시간도 자유롭고, 친구들 만나면 항상 계산할 수 있는 돈도 있고, 저는 멋져 보였습니다. 벌써 10년째 안 망하고 잘 운영하고 있습니다. 사업에 소질 있는 사람은 따로 있는 것 같습니다.

(5) 마지막은 300~500만 원 현금흐름을 만들어서, 조기에 은퇴하는 진로 방향입니다. 40대 이전에 열심히 일해서 평생 현금 흐름을

만드는 방법입니다. 보통 '파이어족'이라고 합니다. 연금 부자도 이 모델에 속합니다. 이 현금을 만들고 놀면서 평생을 지낸다고 생각할 수 있습니다. 그렇지 않습니다. 언론에 나온 사례들을 보면, 책 쓰는 작가가 된다든지 더 전문적인 공부를 하면서 보내는 것을 보았습니다. 이런 분 중에 사회봉사 활동을 본격적으로 하는 분도 있습니다.

네이버 창업자 중에 한 분으로 젊어서 번 큰돈을 기반으로, 발달장애인분들에게 일자리를 만들어 주는 사업을 합니다. 제가 그 회사의 공동 창업자를 인터뷰한 적이 있었습니다. '베어베터스'라는 곳입니다. 젊어서 열심히 일하고 그 돈을 사회에 환원하면서, 평생 현역으로 살고 있습니다. 의미가 있는 일입니다. 연금이 어느 정도 되시는 분들도, 뭔가 일을 찾으려는 욕구가 있습니다. 이런 분들은 비영리법인들에 속하여 재능기부 하는 것도 좋을 것 같습니다.

막상 물어보면 대답할 수 없었던 질문에, 5가지 진로 방향이 있다고 이 책에서 대답했습니다. 많은 젊은 친구들이 저의 주장에 공감해 주었습니다. 그때마다 저는 기뻤습니다. 많은 젊은 분이 이런 방향으로 인생의 좌표를 찍고 살기를 기대해 봅니다.

이 책에 많은 도움을 준 분들이 있습니다. '그렙'의 이하영 님, '히스보험중개'의 이찬 애널리스트, 새로운 길로 떠나는 김성종 님, 'UN 국제이주 기구'의 평가담당관 이마린 님, 일본 기상회사에 취업한 장희수 군, '에터미'의 천영예 님, '카카오'의 김용준 회계사, '에이티넘 인베스트먼트'의 노애린 팀장, 법학전문대학원에서 공부하는 이에스

더 님, 의학전문대학원에 다니는 한영빈 군 '모멘트엑스'의 김태식 매니저, 정승환 세무사, 박선민 통역사, 신정원 디자인 전문가, 자기 사업을 준비하는 정지훈 님 등 모든 분에게 다시 한번 감사의 마음을 전합니다.

에바의 이훈 대표, 신동혁 부사장, 메디퓨처의 이정채 사장님은 창업 현장의 어려움을 진솔하게 답변해 주어서 감동 그 자체였습니다. 7장의 전체 내용을 세심하게 기술해 주시고, 상담을 통해 성공한 사례도 인용해 주신 홍지영 선생님에게는 특별한 감사를 드립니다. 그분은 평생 대학 강의와 많은 심리상담을 한 베테랑입니다. 은퇴 후에도 '쉼터 사업'을 통해 마음의 어려운 청년을 돕고 있습니다. 그 일도 잘되길 기원해 봅니다.

최종 감수과정에서 역량의 분류를 조언해 준 BSC의 권민철 대표에게 고마움을 전합니다. 대학 시절 이후 40년 만에 만난 덕분에 큰 도움을 받았습니다. '조직인지' 역량을 추가하기를 요청하였으나, 반영하지 못한 것이 아쉽습니다. 조직인지란 사내 정치의 역학 구조를 이해하고, 핵심 인물이 누구인지 파악하는 일입니다.

제가 핵심역량을 초기에 정의할 때 조직인지를 쓰려고 했었습니다. 후배들이 반대를 많이 했습니다. 동양적인 문화에서는 드러내고 이야기하는 것에, 반감이 있나 봅니다. 학문적인 영역에서는 중요하게 다룬다고 합니다. 제 경험상 조직인지에 관한 공부는 체계적으로 이루어져야 한다고 생각합니다. 좋은 책이 나오길 기대해 봅니다. 저도 이 역량이 빠진 것에 관하여 안타깝게 생각합니다.

아직까지 현직에 있는 SK의 이용석 부사장이 제 원고를 읽고 출판할 만하다고 격려해 주어서 마음에 큰 힘이 되었습니다.

제 늦둥이 막내는 아빠 품을 떠나, 오빠가 있는 미국으로 공부하러 떠났습니다. 부디 '전문가(고수)의 삶'을 살기를 기대해 봅니다. 93세 치매 장인어른의 1인 비서로, 고생하는 나의 반려자 김광미 여사에게도 이 자리를 빌려 고마움을 전합니다. 책을 쓰는 동안 이런저런 이야기를 주절거려도, 한 번도 싫증 안 내고 들어준 것만도 대단한 일이라고 생각합니다.

100세대를 향해 처음 떠나는 동시대 친구들에게 한마디 전합니다.

"후회에도 늦었지만, 후배들에게 본보기가 되는 삶이 되도록 힘을 내봅시다."

 추천도서

클래이튼 M. 크리스 텐슨, **하버드 인생학 특강**, 알에이치코리아

제가 만난 진로에 관련 책 중에서 경영학 이론으로 설명한 가장 설득력 있는 책입니다 이 책을 쓴 분은 혁신 이론의 대가이며 경영학의 신성이었으나, 2020년 암 투병 끝에 작고하였습니다.